日本調理科学会 監修　クッカリーサイエンス 009

食を支えるキッチングッズ
―調理用具，電気・ガス機器とつき合う―

元文教大学教授
肥後 温子 著

建帛社
KENPAKUSHA

図1　江戸の庶民の飯炊き
　　（喜多川歌麿画）

写真1　数が増えた調理用具，家電製品の収納
　　（写真提供：ディノス）

図2　おもちゃ絵本にみる勝手道具

口　絵
　表頁：第1章(p.6, 8, 14) 参照
　裏頁：第4章(p.71)，および
　　　　第6章(p.102, 103) 参照

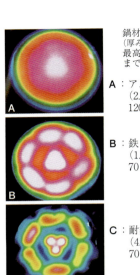

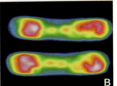

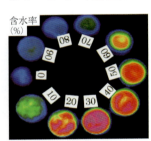

鍋材質（厚み）最高温度260℃までの加熱時間
A：アルミニウム（2.9mm）120秒
B：鉄（1.2mm）70秒
C：耐熱ガラス（4.9mm）70秒
D：ステンレスアルミ多層鍋（2.0mm）120秒

① ガス火のあたった鍋底温度

A：トースター1,000W，3分
B：マイクロ波出力600W，30秒

② ソーセージの内部温度

③ 含水率の異なる練り生地（小麦粉・水混合生地20g）のマイクロ波加熱による昇温図

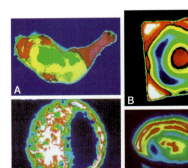
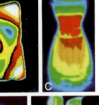

A：鶏もも肉
B：レトルト山菜ご飯
C：酒のかん
D：カレーライス（左半分ご飯，右半分カレー）
E：調味した卵液
F：葉の乾燥

温度	鍋底温度
95	250（℃）
90	230
85	210
80	190
75	170
70	150
65	130
60	110

④ 各食品のマイクロ波加熱による昇温図

写真2　サーモグラフィによる昇温図

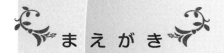

まえがき

　「食べ方」が多様化し，限られた胃袋をめぐって家庭内食，中食，外食がしのぎをけずる中で，家庭内食を後押しし，調理を支援してきた「調理用具・調理機器」の存在を再認識して欲しいと思って本書を執筆しました。

　「三種の神器」と呼ばれ，家電製品を手に入れるためにやっきとなっていた時代，センサーとマイコンがついて調理操作の大部分を人並みに代行できるようなった時代を経て，電気・ガス機器が日本のほぼすべての家庭に普及し，調理の一翼を担うようになりました。調理機器の中には，大幅な省力化に役立つもの（炊飯器，パン焼き器，電子レンジなど）もあれば，食卓を囲んでコミュニケーションの機会を増やしてくれるもの（ホットプレート，グリル鍋など）もあります。

　現在，日本の一般家庭には100種類以上の「調理用具・調理機器」が存在するとみられます。かつて「台所道具」と呼ばれ，調理の裏方的存在であった調理用具が，その数を増やし，なぜ「調理機器」と呼ばれるようになったのでしょうか。「食環境」，「食空間」といった広い見地から，日本の台所が欧米風のキッチンへと姿を変え，調理用の電気・ガス機器の有能ぶりが評価されてその数を増やし，調理の一翼を担うようになった経緯を説明したいと思います。

2018年7月

肥　後　温　子

i

目　次

第1章　台所道具から調理機器へ　　1

1　料理の始まり …………………… 2
2　台所道具のルーツ ……………… 4
3　台所作業の変遷 ………………… 6
4　文明開化による台所道具の変換 … 8
5　台所からキッチンへ …………… 10
6　システムキッチン ……………… 12
7　増えたキッチン用品の収納 …… 13
8　台所道具から調理機器への変遷 … 15
9　調理機器仕様の多様化 ………… 17
10　戦後の経済成長と台所革命 …… 20
11　いき過ぎた欧米化と和食離れ … 22

第2章　食品の冷却保存と準備調理操作　　23

1　低温による食品保存のメリット … 24
2　冷凍冷蔵庫の多機能化 ………… 25
3　冷蔵庫の冷却原理と環境対策 … 28
4　冷凍冷蔵庫の利用 ……………… 30
5　冷凍庫の有効利用 ……………… 32
6　加熱前の準備調理操作 ………… 35

7	準備操作に使用する調理用具と調理機器	36
8	電動カッターによる切断と摩砕	39
9	泡立て器からハンドミキサーへ	41
10	フードプロセッサー，ハンドブレンダーによる切砕	42

第3章 主要熱源の多様化 　　45

1	加熱調理法の日欧比較	46
2	加熱用熱源の変遷	47
3	ガスこんろと電気こんろの競合	49
4	ガスこんろの安全対策	52
5	電磁調理器とIHクッキングヒーター	54
6	電磁調理器，IHに使える鍋	57
7	加熱調理用熱源と使用温度帯	59
8	火力，鍋の大きさ，形状と熱効率	60
9	加熱調理中における熱の移動と伝熱法	61

第4章 伝統調理を変えた炊飯器の登場 　　65

1	水を媒体とする湿式加熱調理	66
2	湿式調理に使う鍋類	68
3	鍋の形状と材質	69
4	鍋の材質と使い分け	70

5	炊飯器の誕生と普及	73
6	炊飯のコツ	75
7	炊飯器の有効利用	77
8	圧力鍋と保温鍋	78

第5章 洋風調理の導入と焼き物機器の普及　　81

1	直火焼きと間接焼き	82
2	焼き物用機器類	83
3	テーブルクッキングと卓上加熱器	85
4	トースターとオーブン	87
5	オーブンとコンベクションオーブン	90
6	グリルとロースター	91
7	揚げ調理と炒め調理	94

第6章 時短調理を可能にした電子レンジ　　97

1	電子レンジの変遷	98
2	電子レンジの改良	99
3	電子レンジの加熱原理	101
4	マイクロ波加熱の特徴	104
5	電子レンジの使用実態と安全性	105
6	電子レンジの有効利用	106
7	電子レンジの調理上の留意点	107
8	過熱水蒸気の役割	110
9	調理用包材の種類と役割	111
10	プラスチック素材の電子レンジ適性	113

第7章 複合仕様の調理機器，省エネ機器など 115

1 餅つき機 ……………………… 116
2 パン焼き器 …………………… 117
3 電気ポット類 ………………… 119
4 コーヒーメーカー …………… 121
5 食器洗い乾燥機 ……………… 124
6 再生可能エネルギーの現状と展望 … 126
7 省エネ型高効率給湯器 ……… 128
8 省エネ型LED電球 …………… 129

参考文献 ……………………………………131
索　引 ……………………………………133

第1章
台所道具から調理機器へ

「火」の使用に始まる調理の起源,台所がキッチンと呼ばれるようになり,「台所道具」が「調理機器」と呼ばれるようになった足跡をたどってみました。

料理の始まり　　家の中心に石囲炉

原始時代の食生活

1 料理の始まり

　料理の起源は，火の使用に始まるとされます。

　火を使い始めた時期は，100万年以上前という説や40万年ほど前という説があり，定かではありません。

　火は暖や明かりをとり，獣から身を守るのにも役立ちました。火起こしがむずかしかったため，火は共同で管理されることが多く，火の使用が人類の集団生活を後押ししたともいわれています。

　加熱することによって獲物の保存性が高まり，食品の消化性，栄養価が向上しました。ゆでてアクを抜けば，食べられるようになった食材も少なくなかったといえるでしょう。

　調理操作の中で最初に行われたのは，道具を使わない「焼く」操作と考えられますが，縄文式土器は耐熱性，耐水性をもつ世界最古の土器とされ，ゆでてアク抜きをしなければ食べられないドングリを縄文人が食用にしていたところから，「ゆでる」操作も行われていたと考えられています。

　アク抜きの手法が縄文人の食を支えていたように，人類の繁栄の影に食べられる食材の数を増やした加熱調理法があったと言っても過言ではないのです。

図1-1　台所道具の変遷

1　料理の始まり

2 台所道具のルーツ

　縄文時代には狩猟や採集によって主に食べ物を確保していましたが，縄文前期には栗やヒョウタンなどの栽培が始まり，後期には稲作が始まったとされています。栽培した栗，クルミ，ドングリなどの堅果類や，米，アワ，ヒエなどの穀類が主食となって食料事情が安定になると，水場の近くに居を構えるようになり，火を使った食材の加熱調理が増えていきます。

　道具として石包丁（石器）を使い始めたのは100万年以上前と考えられています。ただ，石包丁は調理に使われたというより，二つの穴にひもを通して指にかけ，稲の穂をつみとるのにもっぱら使われていたようです（図1-2）。

　弥生時代になると，竪穴住居の中に石囲炉が置かれ，屋内で台所作業が行われるようになりました。穀物は炊いて雑炊のようにして食べられていたようです。

　竪穴住居の中で，かまどの原型のようなものと食べ物を蒸す甑（こしき）が出土したところから，古墳時代になると，かまどと甑を使って強い火力で蒸し加熱をして，「おこわ」が作られるようになったと考えられています（図1-3）。台所道具の進歩に伴って，調理の幅が広がったことがわかる事例といえるでしょう。

三つ石
石を適当に置くだけで安定な熱源となる。
現在でも南の国々で広く用いられている。

石包丁　刃
弥生時代の磨製石器
握って稲などの穂を摘んだ穂摘み具

図1-2　熱源のルーツと包丁のルーツ

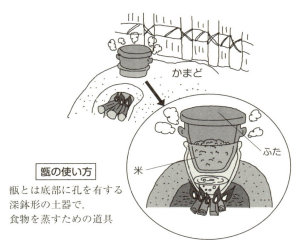

甑の使い方

甑とは底部に孔を有する
深鉢形の土器で,
食物を蒸すための道具

図1-3　甑(こしき)の仕様

3 台所作業の変遷

　縄文時代には，竪穴住居の中央に火を燃やす炉が作られ，暖房と調理用に使われていました。古墳時代を過ぎると，炉とは別に住居の片すみの土間にかまどが設けられ，炊飯はかまどで行われたとされています。

　炊事のための臭いや煙を居室から遠ざけるため，厨（くりや）は別棟や北側に設けられることが多かったようですが，主屋で調理されることもありました。鎌倉時代の絵巻物には，炉の脇の床の上で座って調理作業をし，食材となる野菜を切っている光景がみられます。明治，大正期に入ると，上層階級では台のある立働式の台所で西洋式の調理器具を使って調理をする光景がみられるようになりますが，一般の庶民は座位式の台所で立ったり，座ったりをくり返して調理作業をし，床の上で配膳も行っていました（図1-4）。

　いろりやかまどを囲んで煮炊きをする作業は，つきっきりで火の管理をする必要があるばかりか，赤い炎とともに出る煤煙（すす）や煙に悩まされました（口絵参照）。

　流しなどの水まわりが屋内に入ったのは，水道が普及してからのこと。外にある川や湧き水，共同井戸から水を運ぶのも女性の仕事でした。

座居台所

〔明治時代〕

家庭用調理台 第1号

多目的に使える西洋式料理器

〔大正時代〕

図1-4 座位式から立働式へ―明治，大正時代

（小菅桂子：にっぽん台所文化史，p.69, p.183, p.199, 雄山閣，1992）

　板の間に座って調理作業をするのは，利便性からも衛生上からも好ましくないとして，立動式の調理台が考案されました。しかし当時は，この調理台の利点をわかってもらうのが容易ではなかったようです。

3　台所作業の変遷　　7

4　文明開化による台所道具の変換

　かつて「台所道具」は，調理の裏方として使われる目立たない存在でした。包丁とまな板，鍋と釜，すり鉢とすりこぎ，臼ときね，こね鉢，おろし板，せいろ，おひつ，しゃくし，ざる，洗い桶，かめやたる，押し型，熱源としてのいろりやかまどを加えても，30～50種類程度と少なかったと考えられます。江戸から明治へと時代が変わっても庶民の生活は江戸時代とほとんど変わらず，家庭内で日常使われる道具の数も少なかったことが，子どもに日々の暮らしを教えるおもちゃ絵本の「道具づくし」にも描かれています（口絵参照）。

　明治の後半になると，富裕層の台所には文明開化の波が到来し，ガス機器を配置した西洋風の台所が出現しました。時代を先どりした台所はステータスシンボルとして話題になり，ハイカラな西洋料理や和洋折衷料理，ガス器具について広報する役目を果たしました。

　大正時代から昭和初期になると，それまで輸入に頼っていた電熱器具が国産化されるようになり，電化時代が到来したと話題になりますが，電気代が高かったため，家電製品の使い手は高額所得者に限られていました。

　一般家庭にまで電気・ガス製品が普及するのは，第二次世界大戦後の昭和中期以降まで待つことになります。

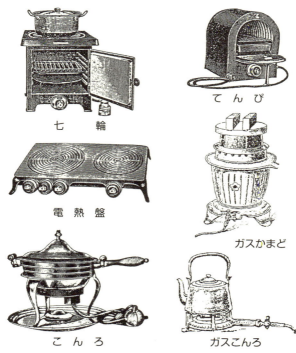

図1-5 大正期の家電具とガス改良かまど
(小菅桂子：にっぽん台所文化史, p.155, p.163, 雄山閣, 1992)

　明治から大正期にかけて，さまざまの改良かまどが登場し，たきぎや炭に加えて，コークス，石油，ガスや電気が使われるようになりました。電熱器は作業能率が高いため，女中を使わなくても主婦一人で作業できるとPRしますが，庶民には高嶺の華。当時の主婦は経済性に関心が高かったため，熱源の燃費を比べた記事が婦人雑誌に掲載されることも多かったようです。

5 台所からキッチンへ

「食べるための作業」を日本では「台所」で行ってきました。台所は貴族や武士の配膳室である台盤所（だいばんどころ）の略称とされ、台盤所をとりしきる夫人を御台所（みだいどころ）、または台盤所が建物の北に位置していたため北の方と呼んでいました。台所が裏かたとして扱われるのは、こんな歴史があるためかもしれません。

欧米の「キッチン」は、火を囲んで家族の集まる場所を意味するとされ、加熱調理（cooking）を中心とした調理設備がまとめて配備され、調理作業をするだけでなく日常の食事をする場所でもありました。

1956（昭和31）年、戦後の住宅不足を補うために建築された住宅公団の団地に、「DK（ダイニングキッチン）」が誕生します（図1-6）。狭い住宅でも、「食べる場所と寝る場所とは分離すべき」という寝食分離に沿ったうえでの苦肉の策でしたが、不便で働きにくかった台所が、調理しやすく食事もできる場所へと改善される機会にもなりました。公団住宅のダイニングキッチンに採用されたステンレス流し台といす式のテーブルは文化生活のシンボルとして定着し、台所改善運動が全国各地にまで及ぶ契機になったのです。

住宅公団は団地に「台所兼食堂」をつくるプランを採用し,「DK（ダイニングキッチン）」と呼ぶことにしました。今では住宅設計の標準用語となっているDKは,こうして誕生した和製英語だといわれています。

図1-6　公団住宅のダイニングキッチン

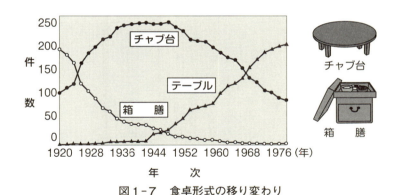

図1-7　食卓形式の移り変わり
（国立民族学博物館研究報告, 1991より）

5　台所からキッチンへ　　11

6 システムキッチン

　公団住宅にダイニングキッチンが誕生して以降，台所改善の動きが活発になり，注文住宅の目玉として1965（昭和40）年頃より家庭内に「システムキッチン」が導入され始めました。

　システムキッチンは，貯蔵→下ごしらえ→加熱→後片づけと続く調理作業を一体化したもので，一枚天板（ワークトップ）の下に流し台，調理台，ガス台などのユニットが組み込まれ，吊り戸棚や台下収納などの収納部もひとまとめになっています（図1-8）。

　家族のライフスタイル，料理スタイルによって多様な希望が

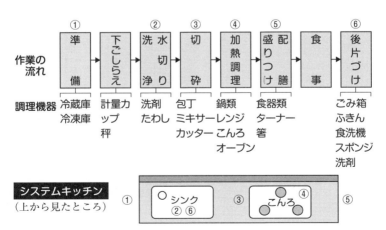

図1-8　調理作業のシステム化

第1章　台所道具から調理機器へ

あるため，百人百様のバラエティに富んだキッチンが必要になってきます。基本のキッチンレイアウトには，独立型と複合型，Ⅰ，Ⅱ，L，U型，アイランド型などがあり，キャビネットの部品や部材も各種用意されています。キッチン販売を支援するため，利用者に商品説明やアドバイスをするキッチンスペシャリストの養成も始まりました。

　好みの部品，部材を発注すれば注文主は好みのキッチンが手に入りますので，使い勝手をよくするために調理機器を使いやすい場所に配備すればよいのです。

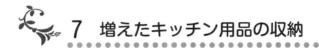

7　増えたキッチン用品の収納

　生活が豊かになり，食生活への関心が高まって，キッチン用品は急速に増加しました。計量器具，鍋類から電気・ガス機器までを含む「調理器具・調理機器類」，生鮮食材，調味料，ストック食材を含む「食品類」，和洋中華の「食器類」を限られたキッチンにどう収納するかが，調理作業のしやすさを左右することになったのです。

　幸いシステムキッチンは，下ごしらえ，加熱，後片づけと続く調理作業が作業動線に合わせて配置され，それぞれの作業部位に収納スペースが十分に確保されています。また，システムキッチンは使う人の体のサイズに見合った作業性のよい寸法に設置されますので，適切な場所，取り出しやすい位置に必要な

調理器具を収納すれば,能率よく作業できます(図1-9)。

収納を考える手がかりとして,収納品を「使う頻度」,「重さ」,「大きさ」によって分類するとよいといわれています。使う頻度が高いものは取り出しやすい場所に置くこと,また引き出しに収めるとか,見せる収納にするとか,出したままにすることも考えられます。調理家電はコンセントに近い場所に設置し,使いやすくすることが活用度を高めることになります(口絵参照)。

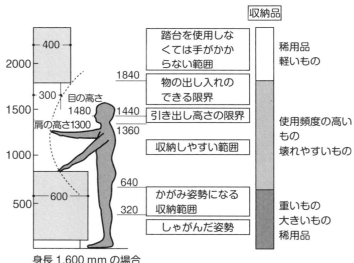

図1-9 使用頻度,作業の種類を考えた収納位置
(日本住宅システム協会:キッチンスペシャリストハンドブック,p.171,1991)

8　台所道具から調理機器への変遷

　1955（昭和30）年に発売された電気釜のヒットが引き金になって，自動調理できる家電製品が人気を集めるようになり，1980年代には家電製品にセンサーとマイコンがついて自動調理がいっそう進歩します。

　家庭の必需品となった電気・ガス製品を調理操作別に分類すると，次のようになります。

　①　**冷却機器類**　　冷凍冷蔵庫など。

　②　**回転調理機器類**　　ミキサー，ハンドミキサー，ジューサー，フードプロセッサーなど。

　③　**加熱調理機器類**　　ガスこんろ，炊飯器，トースター，電子レンジ，オーブンレンジ，ホットプレート，クッキングヒーター，ジャーポット，湯沸し器など。

　④　**その他（複合タイプを含む）**　　パン焼き器，餅つき機，食器洗い乾燥機など。

　調理に使われる小道具は，「台所道具」，「調理用具」と呼ばれていましたが，冷凍冷蔵庫などの大物や電動機器が増えると，「調理機器」と呼ばれることが多くなりました。電気・ガス機器に計量スプーン，竹串，たわしなどの小物まで入れると，調理機器類は100種類以上にもなります。電気・ガス機器の導入は台所革命に拍車をかけ，家事を大幅に軽減しました。

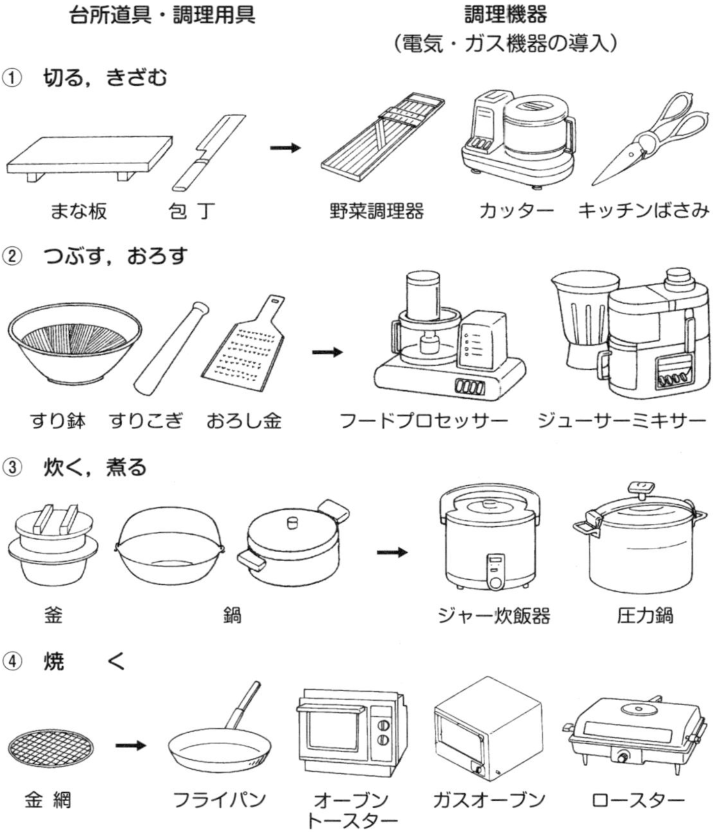

台所道具・調理用具	調理機器 （電気・ガス機器の導入）

① **切る，きざむ**

まな板　　包丁　→　野菜調理器　　カッター　キッチンばさみ

② **つぶす，おろす**

すり鉢　すりこぎ　おろし金　→　フードプロセッサー　ジューサーミキサー

③ **炊く，煮る**

釜　　　　　鍋　→　ジャー炊飯器　　圧力鍋

④ **焼　く**

金網　→　フライパン　オーブン
トースター　ガスオーブン　ロースター

図1-10　台所道具から調理機器へ

（日本住宅システム協会：キッチンスペシャリストハンドブック，
p.39，p.41，1991 より抜粋）

　加工食品の封を切るためにキッチンばさみが必需品となり，
西洋料理の普及に伴って，フライパンやトースターが家庭に常
備されるようになりました。

9　調理機器仕様の多様化

　食生活の欧米化，電気・ガス製品の増加によって，「調理機器」の種類は増大しました。全体像を把握するのは容易ではありませんが，操作別，仕様別に分類し，調理機器類の全容をできるだけ探ってみたいと思います。

　加熱調理機器の中には，ガス・電気こんろのように湿式・乾式両用に使える汎用性のある熱源と，トースター，オーブン，グリルのように乾式調理用の熱源があることがわかります（表1-1）。また，炊飯器，ホットプレート，グリル鍋のように鍋と熱源が一緒になった熱源内蔵型加熱器（鍋一体型加熱器）があり，またグリルつきこんろやオーブンレンジのように二つの加熱機能を合わせもつ複合仕様の調理機器や，餅つき機，パン焼き器のように加熱機能と混ねつ機能（生地をこねる）を兼ね備えた複合仕様の調理機器があることがわかります（表1-2）。

　多種類の家電製品が国産化され，めまぐるしいモデルチェンジと開発競争の中で，和洋中華に使う多様な調理用具・調理機器類が家庭内に定着しました。収納品の種類と収納量が世界一多いわが国の台所は，こうして誕生したのです。

表1-1　調理機器の操作別分類

操　作　別		調理用具，調理機器
非加熱操作用	計測用	はかり，計量カップ，計量スプーン，温度計，キッチンタイマー
	洗浄・乾燥用	たわし類，水切りかご，ふきん，ボール，ざる，食器洗い乾燥器
	浸漬用	ボール，バット，ざる
	切砕用	包丁，まな板，料理ばさみ，皮むき，スライサー，砥石
	磨砕，混合用	すり鉢，すりこぎ，泡だて器，おろし金，ミキサー，フードプロセッサー
	ろ過，分離用	裏ごし，粉ふるい，シノア，茶こし，油こし，ジューサー
	成形用	めん棒，のし板，流し箱，ぬき型，すだれ，菓子型，絞り袋
共用	握持，反転用	はし，しゃくし，へら，ターナー
	保存用	密閉容器，（冷）冷凍冷蔵庫，ワインクーラー，（温）保温鍋，ウォーマー
	供応用	缶切り，せんぬき，（温）ジャーポット，コーヒーメーカー，魔法びん
加熱操作用	湿式加熱用	和風鍋（ゆきひらなど），洋風鍋，圧力鍋，炊飯器
	湿乾両用	中華鍋，こんろ，レンジ，オーブン，電子レンジ，オーブンレンジ，電磁調理器，グリル鍋
	乾式加熱用	フライパン，卵焼き器，焼き網，バーベキュー用具，トースター，ホットプレート，グリル，フライヤー，パン焼き器

　電気・ガス機器が導入され，和洋中華料理が作られるようになると，調理用具，調理機器の種類は大きく膨れ上がりました。

表1-2　調理機器の仕様別分類と用途

仕様	調理機器	加熱操作 湿式調理操作 沸かす・ゆでする	煮込む・煮る	炊く	蒸す	乾式調理操作 焼く	炒める	揚げる	保温・温める	砕く・こねる
熱源	ガス・電気こんろ	●	●	○	●	○	●	●	○	
	電磁調理器	●	●	○	●	○	○	●	○	
	電子レンジ	○	○	○	●	○	○		●	
	オーブン		○		○	●		○	○	
	トースター					●			○	
	ロースター，グリル					●				
	ウォーマー								●	
複合	グリル付きこんろ	●	○	○	●	●	●	●	○	
	オーブンレンジ	○	○	○	●	●	○	○	●	
	トースターレンジ	○	○	○	●	●			●	
熱源内蔵	炊飯器	○	○	●	○				○	
	ホットプレート					●	●		○	
	グリル鍋，電気鍋		●		○	●	●	●	○	
	フライヤー							●		
複合	ジャーポット	●							●	
	ジャー炊飯器			●	○				●	
	コーヒーメーカー	●							●	
	餅つき機			○	●					●
	パン焼き器				○	●				●

●主用途　○用途

　狭い台所に置いた調理機器を多目的に活用するために，複合
型の加熱器や熱源内蔵型の加熱器が製造されてきました。

10 戦後の経済成長と台所革命

　1945（昭和20）年に第二次世界大戦が終了してから，70余年。この間に日本人の生活はめまぐるしい変化をとげて，今の生活を築き上げました。食料難の時代からわずか20年後に東京オリンピックを開催し，GNPが世界第2位となるなど，戦後の社会・経済の進歩には目をみはるものがあります。

　戦後の混乱期が過ぎて国力が回復すると，欧米の食文化が怒涛のように流れ込み，蓄積された技術力を駆使して生活に役立つ新製品が矢継ぎ早に誕生しました。女性の地位向上，経済の復興によって「食生活」，「食関連物資」も急変します。

　ガスと電気の普及，ステンレス流し台と食堂セットの整備が進み，調理機器の国産化，電気釜のヒットが電気・ガス機器の普及を後押ししました。電気釜に続いて，冷蔵庫，ガステーブル，トースターなどの調理機器が急速に普及する様子が消費動向調査に表れています（図1-11）。

　即席麺，マヨネーズ，冷凍食品，レトルト食品などの加工食品，調理済み食品も爆発的なヒットをとばして家庭内に定着しました。現在ではあってあたりまえの食関連物資の多くが，戦後生まれなのです。

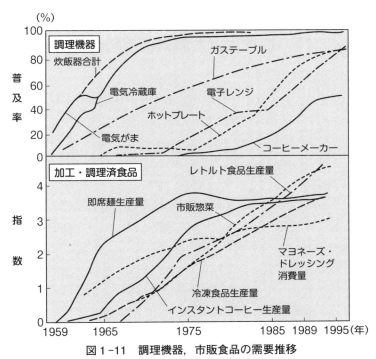

図1-11 調理機器, 市販食品の需要推移

〔経済企画庁「消費者動向調査」, B.B.R.(中央調査社)調査資料をもとに作成〕

　経済的な余力, グルメ化した世相が食関連物資を次々とヒットさせ, 台所事情を一変しました。調理機器と市販食品の需要が右肩上がりに拡大した裏には, 冷凍冷蔵庫の普及が冷凍食品の売り上げを伸ばし, 冷凍食品や惣菜の普及が電子レンジの売り上げを喚起する相乗効果もあったでしょう。こうして約半世紀前に, 日本人は豊かな食環境を手に入れたのです。

11 いき過ぎた欧米化と和食離れ

　今の小学生が好きな料理の多くが洋風か中国風であり，嫌いな料理の多くが和風料理であったという報告書があります。家庭内で洋風や中国風の料理が作られる頻度が増え，和風料理を食べる機会が減ったことが，和食離れを招いたといえるでしょう。「和食」がユネスコの無形文化遺産になり，海外ではヘルシーな和食がブームとなっていますが，日本の家庭では伝統的な和風料理が食卓から消え去る危機に直面しているのです。

　1980（昭和55）年頃の食事摂取パターンは，主食の米飯を中心に野菜，水産物，畜産物から成るバランスのよい食品構成で，エネルギーの栄養素別摂取構成比はまさに理想的でした。理想的な栄養摂取比率を守ろうと，「日本型食生活」をすすめる運動が展開されますが，その甲斐もなく，米，魚介類の摂取は減少し，畜産物，油脂の摂取が増加する傾向が続きます。そしてついに，生活習慣病が指摘されるようになりました。

　文明開化期や戦後の復興期に，日本は欧米をモデルとして各種の改善運動を奨励してきました。欧米追随型の食生活や台所改善運動が功を奏した時期もありましたが，その当時からいき過ぎた欧米化を「台所くずし」と呼び，「日本は食べる営みをシステムごと放り出した」と批判する声も聞かれていました。

第2章
食品の冷却保存と準備調理操作

冷凍冷蔵庫が必需品となり,多機能化した経緯,加熱前の準備操作で使われる調理機器が増え,電動化した経緯を紹介します。

国産初の電気冷蔵庫
(1930年)

1 低温による食品保存のメリット

　微生物の多くは10℃以下になると増殖しにくくなり，食品中の水が凍結する－5℃以下になると微生物の生育が困難になり，－12℃以下では細菌やカビの増殖が停止するとされています。こうした理由から，食品の短期保存に冷蔵・チルド帯が，長期保存に冷凍温度帯が利用されてきました。

　－20℃付近まで温度を低下させれば，酵素による食品成分の分解や栄養分の損失，野菜や果物の色の変化も少なくなるとされています（図2-1）。流通段階のマグロの保存には－50℃付近の低温が使われていますが，低温にするほど冷凍コストも

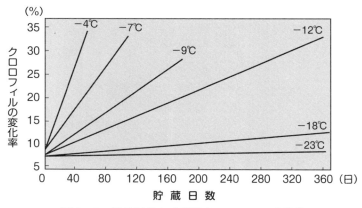

図2-1　冷凍ほうれん草のクロロフィルの変化
（小塚彦明：香料，No.221, 81-96, 2004）

高くなるので,冷凍食品の保存温度は-18℃以下が世界基準とされています。

　食品は冷凍すれば1年置いても腐敗することはありませんが,自動霜取りやドアの開閉によって冷凍庫内の温度が変化し,乾燥,酸化(あぶら焼け),スポンジ化が進むので,3か月以内を目安に早めに消費するほうがよいとされており,不飽和脂肪酸を含む青魚の保存には特に注意が必要です。なお,凍結すると体積が膨張して細胞が壊れ,ドリップとなって流れ出し,味や栄養分が失われるおそれがありますので,凍結時・解凍時には品質を落とさない配慮が必要です。

2　冷凍冷蔵庫の多機能化

　小型の冷蔵庫(冷蔵室,約5℃)が国産化された後,冷凍室(-18℃以下),野菜室(約7℃),新温度帯室(-3～0℃)が加わって多機能化,大型化,多ドア化が進みました。サイズやフリーザーの位置の異なる機種,引き出しつきなど収納性の異なるさまざまの冷凍冷蔵庫が出まわっています。

　冷蔵庫の温度制御がよくなって,凍る直前の温度帯を利用することが可能となりました。パーシャル(-3℃,微凍結温度),氷温,チルド(-1～0℃,凍る直前の温度)より成る新温度帯は解凍の必要がなく,保存期間が冷蔵の2～3倍に延びるので,使い勝手のよい温度帯といえます。終夜運転する冷凍冷蔵庫

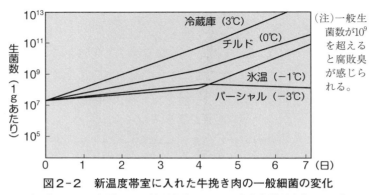

図2-2　新温度帯室に入れた牛挽き肉の一般細菌の変化
（肥後温子ほか編著：調理機器総覧, p.265, 食品資材研究会, 1997）

は，消費電力量が多い家電製品ですが，メーカーの努力で驚異的な省エネにも成功しています。

　食品を凍結する際に，最大氷結晶生成帯（-1〜-5℃）を30分程度で通過する「急速凍結」をすると，氷の結晶が成長せず品質がよいことが知られています。家庭用冷凍庫は一般に凍るのに数時間かかる「緩慢凍結」なので，ホームフリージングする際には品質を落とさないよう留意する必要があります。

〔冷凍冷蔵庫の変遷と普及〕
　　1910（明治43）年　　アメリカで家庭用冷蔵庫を商品化。
　　1930（昭和 5）年　　日本で家庭用冷蔵庫を国産化。
　　1952（昭和27）年　　家庭用小型冷蔵庫（90リットル）生産開始。
　　1961（昭和36）年　　フリーザーつき冷凍冷蔵庫発売。
　　1969（昭和44）年　　冷凍室分離2ドアタイプ（130リットル）発売。
　　1974（昭和49）年　　野菜室分離3ドアタイプ（230リットル）発売。

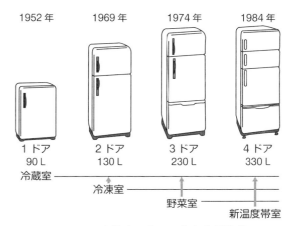

図2-3 冷蔵庫の多ドア化と多機能化

  1984（昭和59）年　新温度帯室（チルド・氷温・パーシャル）つき4ドアタイプ（330リットル）発売。
  2002（平成14）年　ノンフロン冷蔵庫発売。

〔冷凍冷蔵庫の改良と調理性能の向上〕
・多ドア化・引き出し式の導入。出し入れしやすく冷気が逃げない。
・消費電力の低下。真空断熱材の採用，冷媒の流れ制御など。
・大容量化・薄型化。
・自動製氷機能。
・野菜の鮮度保持。90％前後の湿度を保持する高湿野菜室，劣化の原因となるエチレンガスの発生抑制など。
・急速冷凍機能。食品を新鮮な状態でフリージング。
・フロン対応。オゾン層破壊ゼロに向けてフロンを全廃する。

3 冷蔵庫の冷却原理と環境対策

　アルコールで消毒されると冷たく感じるのは,液体から気体へと状態変化する際に「気化熱」が奪われるためです。冷蔵庫にはこの気化熱による冷却作用が使われています。

　冷媒は圧縮器で圧縮されて高温高圧のガス冷媒となり,凝縮器で放熱しながら液化し,冷却管で気化して「周囲から熱をうばいます」(図2-4)。

　送られてくる冷気の量を調節して冷却温度を変え,冷蔵室,

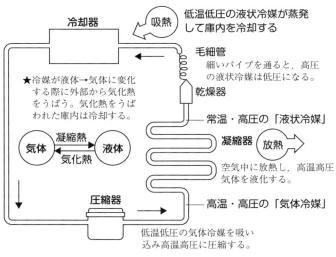

図2-4　冷蔵庫の冷却原理

冷凍室と温度帯別に利用されてきました。

　共稼ぎ，まとめ買いが増えて，冷凍冷蔵庫は年々大型化し，400〜600リットルの需要が増えています。終夜運転するため，エアコンに次いで消費電力量が多い家電製品ですが，断熱材の改良，インバーター制御などにより大容量の製品を中心に省エネ化が進み，容量が増えているにもかかわらず，年間消費電力量は10年前の3分の1になっています（図2-5）。

　環境を守るために，オゾン層を破壊するフロン系冷媒を使わないノンフロン冷蔵庫が2002（平成14）年から販売され，家電リサイクル法が施行されて廃棄された冷蔵庫の6割以上が資材として再利用されています。

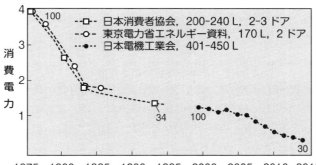

図2-5　冷凍冷蔵庫1Lあたりの年間消費電力量

4 冷凍冷蔵庫の利用

　冷凍冷蔵庫を購入する際には，①庫内容量，②据えつけスペース，③欲しい機能，④デザインを考慮して選ぶとよいとされています。新温度帯室，野菜の鮮度保持機能つき，自動製氷機能，脱臭機能，急速冷凍機能つき，薄型スリムタイプ，静音設計タイプ，両開きタイプ，省エネ対応など各種製品があるので，必要な機能を考えることが必要です。

　冷凍冷蔵庫に収納する際は，まず冷蔵する必要がない食品（冷蔵すると低温障害を起こす食品）を除いてください（表2-1）。次いで，野菜室，冷蔵室，新温度帯室，冷凍室のどの部屋に収納するかを考えてください。

　ボトル飲料は野菜室か冷蔵室のドアポケットに収納すると，

表2-1　冷蔵保存に不向きな食品

低温障害の出やすい野菜・果物	原産地が熱帯や亜熱帯地方の野菜や果物，夏野菜は10℃以上の保存温度が必要で，冷蔵すると褐変したり，へこんだり，斑点がでたり，腐敗することがある
野菜	さつまいも，かぼちゃ，トマト，ピーマン，きゅうり，さやいんげん，なすなど
果物	バナナ，マンゴー，レモン，パイナップルなど
冷蔵しなくてもよい野菜・果物	
野菜	いも類，かぼちゃ（丸ごと），ごぼう，玉ねぎなど
果物	アボカド，マンゴー（熟するまで），みかん，梅など

適温の冷え具合になります。魚や肉は新温度帯室（パーシャル，氷温，チルド）に収納すれば，鮮度を冷蔵の2〜3倍長持ちさせることができ，刺身は氷温熟成してうま味が増す効果もあります。魚肉を新温度帯室に保存できるのは1週間以内です。それ以上使用しない場合には冷凍して1〜3か月以内に使うようにしましょう。

　冷気循環，取り出しやすさを考慮して収納すること，詰め込み過ぎないことが大切です。

〔冷凍冷蔵庫の利用〕

　・**冷凍室の利用**　−18℃以下
　　冷凍食品の保存，ホームフリージング，冷菓作り，製氷。

　・**冷蔵室の利用**　約3〜5℃
　　食品，飲料，調味料などの保存，冷却。菓子作り（ゼリー，プリン）。解凍。

　・**新温度帯室の利用**　約−3〜0℃
　　肉・魚の生鮮・加工品の保存。チルド食品（練り製品，乳製品）の保存。解凍。急冷。

　・**野菜室の利用**　約5〜7℃
　　野菜・果物の保存。ボトル飲料の保存。

〔冷凍冷蔵庫をよりよく利用するためのコツ〕

　・冷気循環をよくし，詰め込み過ぎない。
　・食品を使用頻度で分け，取り出しやすくする。
　・冷気の吹き出し口に水分の多いものを置かない。
　・冷蔵に不向きな食品は入れない。夏野菜や南国生まれの果物は低温障害を起こす。
　・新温度帯室への保存は1週間以内を目安にし，それ以上保存する場合は冷凍する。

5 冷凍庫の有効利用

　市販の冷凍食品の利用やホームフリージングの活用などで冷凍庫を利用する頻度が増えたため，庫内容量が400リットル以上の大型で，冷凍庫が中央下部にある「ミッドフリーザータイプ」の冷凍冷蔵庫の需要が増えています。また，食品の出し入れがしやすく冷気が逃げないとして，引き出しタイプの冷凍庫が増えています。

　ベターホーム協会の「ホームフリージングに関する実態調査」(2014) によれば，料理をする女性の96％がホームフリージングをしていると答え，目的は余った食材の保存，調理や買い物の効率化などです。多かった食品は肉類，ご飯。もっと活用したいと答えた人は8割近かったということです。

　家庭用冷凍庫は凍るのに時間がかかるので，ホームフリージングの際には材料を薄く小さく分けて凍る時間を短くしたり，あらかじめ加熱処理してから凍らせて冷凍時の細胞破壊を減らしたり，凍結時の影響を受けにくくしたいものです。

　解凍する際に，生鮮食品は冷蔵庫内や水中でもどす「緩慢解凍」を用いることがありますが，熱湯，熱した油，フライパン，電子レンジなどで冷凍食品を食べられる状態まで解凍即加熱する「急速解凍」の利用が増えています（表2-2）。

　冷凍庫は，海苔などの乾物の保存，薬や化粧品の保存にも利用できます。茶，コーヒー，スパイスを冷凍保存すると香りが

逃げることが少なく，水分の少ないしらすやちりめんを冷凍すると，解凍しなくてもそのまま使えます。

〔ホームフリージング〕
・野菜の冷凍時にはブランチング（加熱処理）を，果物の冷凍時にはシュガーリング（加糖）を行う。
・魚肉類は加熱したり，下味をつけて冷凍するほうがよい。生魚はグレーズ処理（凍った魚に塩水の膜をかぶせる）を行うとよい。
・新鮮な材料は小分けし，脱気して短時間に凍らせる。
・急速冷凍すると氷結晶が細かくなり，解凍時の品質がよい。

表2-2　解凍方法と主な使用例

解凍の種類	解 凍 方 法	主 な 使 用 例
緩慢解凍	低温解凍（冷蔵庫） 自然解凍（室温） 水中解凍（水温）	生鮮食品（魚介，畜肉，野菜），菓子
	氷水中解凍（0℃前後）	生鮮食品（魚介，畜肉）
急速解凍	スチーム，蒸す ボイル，茹でる	シュウマイ，餃子，まんじゅう，茶碗蒸し 真空包装のミートボール，酢豚，うなぎのかば焼き，野菜類，麺類
	オーブン加熱	グラタン，ピザ，ハンバーグ，ロースト品
	フライ，揚げる	フライ，コロッケ，天ぷら，から揚げ
	ホットプレート，フライパン	ハンバーグ，餃子，ピザ，ピラフ
	電子レンジ	生鮮食品，煮熟食品，真空包装食品，野菜類，米飯類，調理食品

（日本冷凍食品協会：冷凍食品取扱マニュアル，p.21，2017年度を参考に作成）

〔フリージングに向かない食品〕
- **タケノコ，ゴボウ，フキ**：繊維がかたくなり，風味も失われる。
- **牛乳，マヨネーズ**：脂肪が分離してしまう。
- **卵**：ゴム状になったり，スカスカになる。

〔冷凍冷蔵庫の意外な活用術〕
- **乾物保存・食品以外の保存**：茶，コーヒー，スパイス，海苔，薬，化粧品，フィルム，乾電池を保存する。
- **即席漬け**：野菜に塩をまぶして30分冷凍し，漬け物を作る。
- **タマネギ**：きざむ前に冷やすと涙が出ない。
- **新温度帯室の有効利用**：一夜干しが簡単にできる。早く冷やしたい時に使う。解凍後そのまま保存できる。

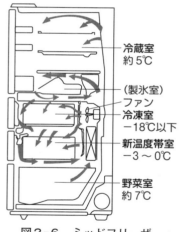

図2-6 ミッドフリーザー・ファン式

冷凍冷蔵庫が発売された当初は，最上部に冷凍室がある「トップフリーザータイプ」が主流でしたが，現在では冷蔵室の下に引き出し式の冷凍室がある「ミッドフリーザータイプ」が売れ筋商品となっています。

6 加熱前の準備調理操作

　調理操作では「加熱操作」が主たる操作とされ，「非加熱操作」は加熱前の準備操作として扱われますが，「計量」，「洗浄」，「浸漬」，「切砕（切断，磨砕(まさい)）」，「混合」，「成形」，「分離・ろ過」，「冷却・保存」など各種の操作が含まれています。

　「計量」は，重量，容量，温度，時間を測定する基本操作です。計量することによって初心者でも失敗が少なくなり，作る料理の再現性が高くなります。「洗浄」は，食品に付着した土，ほこり，微生物，寄生虫，農薬などの有害物や不快物を除去し，安全衛生性を向上させるために行う作業で，ふり洗いだけですむ場合とこすり洗いが必要な場合があります。水洗いが基本ですが，洗剤，塩水，酢水，氷水を使うこともあります。

　「浸漬」は，乾物を吸水膨潤させたり，アク抜き，塩出し，褐変防止のために必要な作業です。「切砕」は，食品の不可食部を除き，食べやすく加熱されやすくするために切ったり砕いたりする作業で，非加熱操作の中で最も重要な作業です。

　「混合」は，2種以上の材料を合わせて均一にしたり，乳化したり，泡立てたり，生地をこねたり，調味液と合わせたりする作業，「成形」は，生地を伸ばしたり，型抜きしたりする作業です。

7 準備操作に使用する調理用具と調理機器

「計量」作業には,はかり(台秤,さお秤,自動秤など),計量カップ(200 mL,1 Lなど),計量スプーン(5 mL,15 mLなど),温度計(温度域100℃,300℃など),キッチンタイマーなどが使われますが,調理機器についているタイマーや温度表示を使うこともできます。

図2-7 非加熱調理操作の例

おいしい食べ物を作る調理操作を手助けするためにたくさんの調理用具が活躍します。用具の材質も,木や竹,アルミニウムやステンレス,プラスチックと多様です。

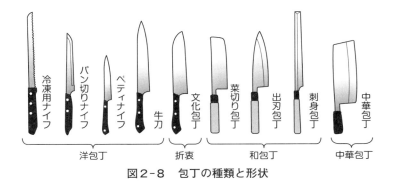

図2-8　包丁の種類と形状

　包丁には，和包丁と洋包丁があり，学校では肉から野菜まで用途が広く，薄刃で使いやすい牛刀（洋包丁）が多く使われています。和包丁の主流であった菜切り包丁は少なくなりましたが，菜切り包丁と牛刀の長所を合わせて開発された文化包丁（鎌型包丁，三徳包丁ともいう）が家庭で愛用されています。「切断・摩砕」用にミキサー，ジューサー，フードプロセッサーなどの電動調理機器を使ったり，野菜スライサー，料理ばさみ，皮むき用のピーラーを使ったりすることもできます。

　「混合」作業には，箸，へら，泡だて器，ハンドミキサー，ニーダー（こね器）などが使われますが，手だけでできる作業もあります。「成形」作業には，用途によって麺棒，のし板が使われたり，流し箱，抜き型，すだれなどが使われます。

　「分離・ろ過」作業には，裏ごし器，粉ふるい器，シノア（スープこし器），すいのう（水ぶるい），油こし器などが使われており，万能こし器はろ過から粉ふるいまで用途が広く愛用されています。

図2-9　非加熱調理操作用の調理用具

8　電動カッターによる切断と摩砕

　ミキサー，ジューサー，フードプロセッサー，ミルは，「する」，「おろす」，「つぶす」，「きざむ」，「砕く」，「混ぜる」作業を回転する電動カッターで行う「回転調理機器」です。果実をジュースにしたり，魚肉を挽き肉やペーストにしたり，野菜をみじん切りにする手間と労力を要する作業を，電動で瞬時に行うことができます。

　ミキサーとジューサーは，食材を高速で砕いて飲み物を作るのに使われることが多く，フードプロセッサーは食材の形を残して切り，調理用の包丁代わりとして使われることが多い回転調理器といえます。

　ミキサーでは果肉片が入ったドロっとした果汁になりますが，ジューサーには切砕した組織片を遠心分離して除く機能がついているので，清澄な100%果汁ができます（図2-10）。野菜ジュースが健康食として話題になった背景もあってミキサーやジューサーが注目されましたが，ブームが去ると出番が減り，死蔵品となることも多かったとされています。

　回転調理機器には，刃の硬度と耐久性が高く，氷を砕くこともできるチタンカッターがついた機種があり，また，ふりかけ，茶，コーヒーなどの乾物が砕けるミル機能がついた機種もあります。

〔回転調理器の変遷と普及〕

1953（昭和28）年　ミキサー国産化。

1955（昭和30）年　電動ジューサー国産化。

1961（昭和36）年　ジューサーミキサー発売。

1972（昭和47）年　フラッシュボタンつき。押している間だけカッターがまわる。

1973（昭和48）年　ハンドミキサー発売。

1977（昭和52）年　フードプロセッサー発売。

1983（昭和58）年　ガラス容器の採用。傷つきにくく，におい移りしない。

1984（昭和59）年　ホイップカッター，スライスカッターつき。

1990（平成 2）年　チタンカッター採用で切れ味と耐久性が向上。氷が切削できシェイクやフローズンメニューも可能に。

1993（平成 5）年　ミル機能の追加，豆挽きやふりかけができる。

1998（平成10）年　氷専用カッターつき。かき氷やジェラードを作ることができる。

〔ジューサーの改良と調理性能の向上〕

部品数が減り，セットしやすく手入れしやすくなった。カス捨てが簡単になった。

〔フードプロセッサーの改良と調理性能の向上〕

切削性能が向上した。組み立てや分解が簡単になった。

〔ミキサーで作れるメニュー〕

果物・野菜ジュース，ミックスジュース，ポタージュ・スープ類，マヨネーズ・ドレッシング類，離乳食，アイスクリーム，シェイク，豆乳，ふりかけ，パン粉，魚のすり身。

〔ジューサーで作れるメニュー〕

果物・野菜ジュース，ミックスジュース。

〔ミキサー利用のコツ〕

・入れる分量や大きさを適正に。

・ニンジンなどのかたい材料はゆでたほうが効率よく摩砕できる。

・**清掃方法**：ボトルにぬるま湯と洗剤を入れ，約10秒運転して水洗いする。

〔ジューサー利用のコツ〕
・水分が少なく絞りにくい材料は少しずつ入れ，スイッチを間欠にする。
・リンゴ，レモン，ハチミツなどを入れると飲みやすい。
・カスはハンバーグ，カレー，肉団子，スープに混ぜる。
・まとめて作り，冷凍保存する。

9 泡立て器からハンドミキサーへ

　卵や生クリームを泡立てるものを，日本では「ハンドミキサー」と呼んでいます。1973（昭和48）年にハンドミキサーが発売されると，洋風化の波を受けて育った団塊の世代が子育て期に入った影響で洋菓子作りがブームとなり，都市部を中心に販売台数を伸ばしました。

　ハンドミキサーは，回転モーターを内蔵した本体の穴に2本の撹拌羽根を差し込んだ後，手で握って指でスピード調整して使います。きめ細かく泡立てるコツは，スタート時に低速にし，途中高速にしても最後にまた低速にすること，水や油が泡立てを妨げるので，ボールや撹拌羽根はよく洗って使用前に水気をふき取ること。卵は温めるほうが泡立ちやすく，生クリームは冷やすほうがよい状態に泡立ちます。

〔ハンドミキサーの調理操作と作れるメニュー〕
- 泡立てる，混ぜる，溶かす，乳化する。
- 卵・生クリームの泡立て，スポンジケーキ，ババロア，ムース，クッキー，バタークリーム，マヨネーズ，アイスクリーム。

〔ハンドミキサー利用のコツ〕
- 卵の泡立てはぬるま湯で湯煎しながら，生クリームの泡立ては氷水で冷やしながら行うとよい。
- 初めは低速にし，途中高速にしても最後にまた低速にしたほうがきめ細かく泡立つ。
- ボールの材質は強化ガラス・ステンレス製で，直径24〜26cmの深めがよい。

10 フードプロセッサー，ハンドブレンダーによる切砕

　欧米では肉のミンチや野菜のみじん切りに絶大な効果を発揮するとして，フードプロセッサーが加熱前の下処理にマルチに活用されています。日本ではスピードカッター，クッキングカッター，キッチンカッターと呼ばれて販売されてきました。

　スピーディに切ったり，挽いたりできる「多目的調理器」として，1977（昭和52）年に国産のフードプロセッサーが発売され，翌年にはせん切りやすりおろしができるアタッチメントカッターが売り出されました。

　野菜や肉をみじん切りにすることが一瞬でできるので，食材を「きざむ」作業が多いハンバーグや餃子(ぎょうざ)作りに活用されるこ

とが多く、まとめ作りに重宝されています。S字状のカッターを回転させるほど、みじん切りは細かくなってペースト状になり、野菜ペーストを使うと裏ごしがいらず、なめらかなスープやサラダを作ることができます。

ユーザーの多様化志向を考慮して、1992（平成2）年にイワシを骨ごとすり身にできるチタンカッターのついた機種が登場し、1998（平成10）年にはかき氷やイタリアンジェラードが作

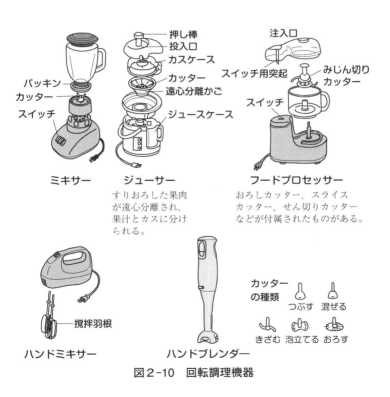

図2-10　回転調理機器

10　フードプロセッサー、ハンドブレンダーによる切砕

れる氷専用カッターのついた機種が登場しました。

　最近では，片手操作で調理の下準備ができる「ハンドブレンダー」が，軽量で使いやすく，少量でも撹拌でき，洗うのも収納するのも楽な調理器として人気商品になっています。回転速度を可変できる機種もあり，高速回転にすればなめらかな食感に仕上げることができます。

〔フードプロセッサーの調理操作と作れるメニュー〕
　・きざむ・みじん切りにする（S字状カッター），する・おろす（おろしカッター），せん切り・薄切りにする（せん切り・スライスカッター），混ぜる・乳化する。
　・ハンバーグ，餃子の具，玉ねぎみじん切り，キャベツせん切り，大根おろし，とろろいも，魚のすり身・つみれ，肉のミンチ，パン粉，すりごま，マヨネーズ，ドレッシング，メレンゲ，アイスクリーム。

〔フードプロセッサー利用のコツ〕
　・初めはスイッチを間欠にし，次第に撹拌する。
　・炒め玉ねぎ，ハンバーグ，ロールキャベツ，パセリのみじん切りなどをまとめて作り，冷凍保存する。
　・自家製パン粉，ふりかけを作り置きする。

〔ハンドブレンダーの調理操作と作れるメニュー〕
　・シンプルで軽量な製品と，多機能な製品がある。
　・みじん切り，せん切り・薄切り，おろす，泡立てる，つぶす，混ぜる・乳化する。
　・スープ，ドリンク，野菜のみじん切り，ハンバーグ，魚のすり身，大根おろし，メレンゲ。
　・調理中の熱い鍋でも作業できるので，離乳食や介護食作りにも利用できる。

第3章
主要熱源の多様化

加熱調理用熱源の変遷と多様化，ガスこんろの普及と安全対策，IH加熱器の登場，熱効率や伝熱法について解説します。

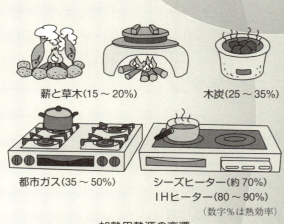

加熱用熱源の変遷

1 加熱調理法の日欧比較

　人類の長い歴史の中で，焼く，蒸す，ゆでる，炊く，煮る，炒める，揚げるなどの加熱調理法が生まれ，食材や調味料との組み合わせによって無限の調理法が発展しました。

　加熱操作法には，水を媒体とする「湿式加熱法」と水を使わない「乾式加熱法」があり，水が豊かな日本では鍋・釜による煮炊きが日常的に行われました。しかし，焼く調理法は塩焼き以外のバリエーションが少なく，油を使った乾式調理も近代まで普及しませんでした。奈良時代に穀物の粉を練って油で揚げた唐菓子（からがし，からくだもの）が供物として奉納され，精

表3-1　加熱調理についての日本語と英語の対応

湿式調理	ゆでる	boil
	煮る	
	炊く	
乾式調理	揚げる	deep-fry
	炒める	fry
	焼く	bake
		grill
		toast
		roast

進料理などに揚げ物が加わることはありましたが，貴重な油を大量に使う料理が庶民の口に入るのは，天ぷら屋台が登場した江戸時代以降といえましょう。

ヨーロッパでは，ローマ時代にすでに密閉型のオーブンが使われており，肉をローストしたりグリルするための大型のかまどや炉が発達し，料理に油脂も使われていました。

調理法の発達は，国の風土，文化，言語と深いかかわりがあるとされ，調理法の出現頻度が「言語の数」を変えると考えられています。日本語では湿式調理をゆでる，煮る，炊くと表現しますが，英語ではboilの一語だけです。逆に，英語では焼くに相当する言語がbake, grill, toast, roastと多いことが知られています（表3-1）。

2 加熱用熱源の変遷

「火」は調理，暖房，燈火用として使われ，また産業，運輸用のエネルギー源となって生活を豊かにしてきました。人類が科学技術を進歩させ，産業を発達させて現代の文明社会を築き上げた背景に，「火」の恩恵が不可欠だったのです。

1850年頃まで，人類の主たるエネルギー源は木材でしたが，産業革命後に石炭が急増して1900年代には石炭が主流となります。1950年代になると油田が相次いで発見されて1970年代には石油エネルギーが5割を占めるようになります。その後，

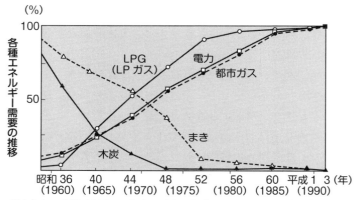

(注)まき・木炭は昭和32年を，電力・都市ガス，LPGは平成3年を100とした指数で表示。

図3-1　家庭用熱源の推移

(通商産業省：エネルギー統計)

　石油代替熱源として，天然ガスや原子力の利用が進み，電力エネルギーの確保にも幅広い熱源が使われてきました。

　家庭での調理用熱源も，1960年頃まではまきやたきぎ，木炭などの固体燃料が主たる熱源でしたが，ガスと電気が急速に普及し，1980年代になるとそれらが主要熱源となります（図3-1）。都市ガスは石炭や石油を分解して作られていましたが，液化天然ガス（LNG）が使われるようになり，ボンベに詰めて届けられるLPガス（プロパンガス）とともに全国各地にガスが普及しました。一方で，調理家電製品が次々とヒットし，調理用熱源はガスと電気の時代となりました。

3 ガスこんろと電気こんろの競合

　ガスと電気が使われるようになったのは19世紀末,普及が本格化したのは20世紀の中頃からでした。明治・大正時代に都市ガスは「ガス灯」として照明用に利用されてきましたが,電球が登場すると,「照明は電気,熱源はガス」の役割分担が生まれます。

　初期のガスこんろは火口が1口で,ガスかまど,ガス七輪と呼ばれていましたが,やがて複数の火口のついたガステーブルこんろへと移行していきます。最近では,2〜3口の火口とグ

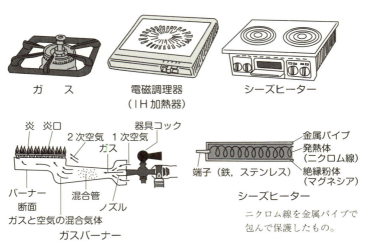

図3-2　ガス・電気熱源

リルがつき，標準バーナーと強火力バーナーが組み合わされた
ガステーブルが家庭用熱源として広く使われています。

　一方で，LPガス（プロパンガス，液化石油ガス）をボンベに詰
めて届ける事業が生まれ，ガス管が整備されていない僻地（へ
きち）にまでガスが普及するようになりました。

　一方，ニクロム線を金属パイプでおおったシーズヒーター
や，赤外線を出すハロゲンヒーターを用いた電気こんろ類が発

表3-2　熱源の種類と加熱特性

	ガ　ス	IH加熱器	シーズヒーター
加 熱 方 法	対流熱＋放射熱	電磁誘導	伝導熱＋放射熱
火力と即応性	標準2,000〜2,500kcal/h ハイカロリー4,000kcal/h以上	火力が強く，熱応答性もよい	立ち上がりの火力は弱い
安 全 性	強制換気が必要になる	空気はクリーンに保て，立ち消え・引火の心配がない	空気はクリーンに保て，立ち消え・引火の心配がない
熱 効 率	約45%	約85%	約70%
手入れのしやすさ	掃除がしにくい	表面を拭くだけで手入れができる	一般に手入れはしにくい
余 熱	ほとんどない	ある	ややある
使用鍋，その他	鍋による影響がない 炎をみながら火力調整できる	平底磁性体鍋を使用	平底鍋を使用

売されましたが，普及率は数パーセント止まりでした。電気は
ガスに比べて火力が弱く，燃費が高いという理由から「主要熱
源」として評価されない時期が1990年代まで続きました。事
情を一変させたのは，熱効率が80〜90％と高いIH方式（電
磁誘導方式）を組み込んだクッキングヒーターの登場でした。

〔ガス・電気こんろ類の変遷と普及〕

明治・大正時代　灯火用にガス・電気が使われる。外国製のガスこ
んろが使われ始める。

大正・昭和初期　電熱器が使われ始める。

1949（昭和24）年　テーブル型ガスこんろを国産化。

1953（昭和28）年　ボンベに詰めたプロパンガスの配達開始。

1957（昭和32）年　グリルつきガステーブルこんろ発売。

1975（昭和50）年代　ワンルームマンション用の1口ビルトインタ
イプの電気こんろが急増。

2002（平成14）年　オールメタル加熱型のIHクッキングヒーター
発売。

2008（平成20）年　安心（Safety），便利（Support），笑顔（Smile）を
約束する賢い（Intelligent）「Siセンサーこんろ」を全ガスこんろに
標準装備。こんろによる火災の減少に貢献。

〔ガステーブルこんろの改良と調理性能の向上〕

・絞り機能の向上。煮込み，保温性能がアップした。

・火力の強化。強化バーナー，ハイカロリーバーナーの採用。

・安全装置が全ガスこんろに整備された。

・フッ素加工により天板の汚れ落としが楽になった。

・プッシュ方式になり，点火が簡単で確実になった。

〔電気こんろの改良と調理性能の向上〕

・200V化，IH化により，火力が強化された。

3　ガスこんろと電気こんろの競合　*51*

・温度センサーがつき,揚物,煮物の調理性能が向上した。
・切り忘れ防止タイマーなど安全装置が整備された。

〔ガス・電気こんろ購入上の留意点〕
① **ガス・電気こんろ共通**
・だれが,どこで,どんな料理に使うか考える。高層住宅ではガスが使えない。中華料理にはガス火が向く。高齢者には電気が向く。
・使い勝手のよいものを選ぶ。3つ口は作業効率がよい。グリル幅,つまみの使いやすいものを選ぶ。
② **ガスこんろ購入上の留意点**
・強力バーナーが壁の反対側にくるタイプを選ぶ。
・供給されているガス種に合ったものを選ぶ。
③ **電気こんろ購入上の留意点**
・200V電源,コンセントが必要。
・使用する鍋の適性を考える。

4 ガスこんろの安全対策

　ガステーブルこんろ1949(昭和24)年発売を組み込んだ欧米風キッチンが評判となり,ガス自動炊飯器と瞬間湯沸かし器も人気商品となってガスの需要に拍車がかかりました。
　ガスの需要が増えるにつれてガス事故を減らす安全対策が課題となり,ガス業界では安全機器(マイコンメーター,ガス漏れ警報器,ヒューズコック)の取りつけを始めました。また,2008(平成20)年よりガス業界では安全,安心を約束する「Siセンサー」をすべてのガスこんろに装備してきました(図3-3)。

安全機能
- 調理油過熱防止装置
  センサーが鍋底の温度を感知し約250℃になると自動的に消火して油の発火を防ぐ。
- 立ち消え安全装置
  煮こぼれや吹きこぼれ，強風などで火が消えた時，自動的にガスを止める。
- 消し忘れ消火機能
  消し忘れても，点火後一定時間が経過した時点で自動消火する。

図3-3　Siセンサーこんろの安全機能

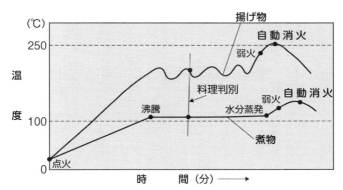

(注)温度上昇により煮物か揚げ物かを判別，焦げつき消火機能，天ぷら油火災防止機能が自動的に働く。

図3-4　ガスこんろの調理モードの判別と自動消火
　　　　（東京ガス資料）

ちなみに，現在のガス利用の割合は都市ガスが6割強，LPガス（プロパンガス）が4割弱を占めています。

　マイコンメーターはガス漏れ，火の消し忘れ，地震発生の異常時にガスを自動的に遮断しますが，ガス漏れ警報器を併用するとより安心です。液化天然ガスを原料とする都市ガス（13A）の主成分はメタン，LPガスの主成分はプロピレンで，空気を1とした比重は都市ガスが0.66，LPガスは約1.5なので，ガス漏れ警報器の設置位置は，空気より軽い都市ガスは天井近く，空気より重いLPガスは床上近くとなります。

　「Siセンサーこんろ」の普及率は2015（平成27）年には50%を超え，ガスこんろによる火災事故は目に見えて減少してきました。

5　電磁調理器とIHクッキングヒーター

　こんろが熱くないのに鍋自体が発熱する「誘導加熱法（induction heating，頭文字を取ってIH加熱法）」を使った加熱器が，アメリカで"クールトップ"の商品名で1971年に発売され，わが国では"電磁調理器"の名で1974（昭和49）年に国産化されました。

　IH加熱法は，磁力線発生コイルに高周波電流を流し，発生した磁力線が磁性をおびた鍋底を通過すると，うず電流が流れ，鍋底の電気抵抗により鍋自体が発熱する原理を使って加熱

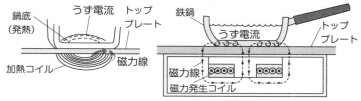

磁力線発生コイルに高周波電流を流す。
→フレミングの法則により磁力線が発生
　→鍋底の電気抵抗により熱が発生する。
(注)電磁調理器は磁力線を仲だちとして鍋を誘導加熱する。

図3-5　電磁調理器（IH加熱器）の加熱原理

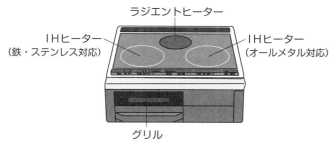

(注)スムーズトップ面の下には，さまざまなヒーターが導入される。

図3-6　クッキングヒーターの構造

します（図3-5）。外部で熱を発生させて加熱する従来の加熱法に比べてエネルギーのむだが少なく，熱効率が80〜90％と高いのが特徴です。ちなみに，ガスこんろの熱効率は約45％，電気ヒーターこんろの熱効率は約70％です。熱効率のよさ，火力の強さが認められて，IH方式は炊飯器，クッキングヒー

ター，グリル鍋などに広く採用されるようになりました。

　ビルトインタイプ（200V熱源）の「ＩＨクッキングヒーター」が発売されると，ガス並みの火力の強さ，火力調節のしやすさ，安全性，掃除のしやすさ，見栄えのよさが高く評価され，2014（平成26）年には全国の平均普及率が24％にまで上昇しました。ＩＨクッキングヒーターが，「平成の三種の神器」の一つといわれることすらあります。

　購入者の満足度が高いことが普及率を上げる追い風になったといわれており，ユーザーアンケートではＩＨヒーターの電気代が予想外に低コストだったとの感想も多かったとされています。ちなみに，4名分の朝・昼・夕食を作った場合の1か月の光熱費については，都市ガス800円，ＩＨヒーター1,020円，プロパンガス1,200円という計算値や，都市ガス10.6円，ＩＨヒーター28円，プロパンガス37.8円という計算値があります。

〔電磁調理器・ＩＨ調理器の変遷と普及〕
　1974（昭和49）年　電磁調理器の国産化。
　1986（昭和61）年　2万円台の卓上型が出て普及し始める。
　1988（昭和63）年　炊飯器にＩＨが導入される。
　1989（平成元）年　200VのＩＨクッキングヒーター発売。
　1991（平成 3）年　ホットプレートにＩＨが導入される。
　1996（平成 8）年　危険を知らせる音声ガイドつき発売。
　2002（平成14）年　アルミ，銅鍋が使えるオールメタル加熱型のＩＨ
　　クッキングヒーター発売。
〔電磁調理器の改良と調理性能の向上〕
　・小型，軽量，コンパクト化。
　・安全機能の充実：過加熱防止，小物発熱防止機能の採用。

- 自動調理機能の充実：煮込み，フライ，湯沸かし，保温機能の自動化。タイマー機能の採用。

6 電磁調理器，IHに使える鍋

　IH加熱法は，磁性をおびた鍋底の電気抵抗による発熱原理を利用しているため，鍋材質の電気抵抗によって加熱効率が左右されます。磁性体である鉄，鉄ホウロウ，18-0ステンレスは表皮抵抗が大きいため効率よく加熱できますが，18-8ステンレスは加熱効率が落ち，表皮抵抗が小さいアルミニウムと銅

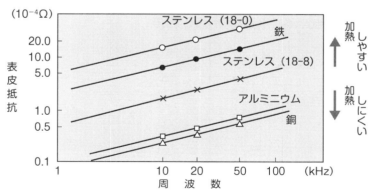

図3-7　鍋の材質による周波数と表皮抵抗
（家電製品協会編：生活家電の基礎と製品技術 2017年度版，p.139，NHK出版，2016）

表3-3　IH加熱に使える鍋と形状

使える鍋の材質		従来加熱	オールメタル加熱
鉄・鉄鋳物・鉄ほうろう		○	○
ステンレス	鍋底に磁石がつくもの（18-0）	○	○
	鍋底に磁石がつかないもの（18-8, 18-10）	△〜○	○
多層鍋	鍋底に磁石がつくもの（間に鉄を挟んだもの）	△〜○	○
	鍋底に磁石がつかないもの（間にアルミを挟んだもの）	×	○
アルミ・銅		×	○
セラミック（耐熱ガラス，耐熱陶器，土鍋）		×	×

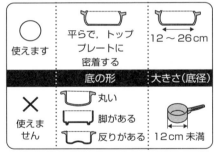

・一般財団法人「製品安全協会」が認証したIH対応の商品を選ぶ。

マークを確認

は火力が得られず使用不可とされていました（図3-7）。

　2002（平成14）年，周波数と磁束増加によりアルミニウムや銅鍋に使用範囲を広げた「オールメタル対応」製品が発売されました。IH加熱法の最大の弱点である鍋材質の制限が緩和され，使える鍋材質は増えましたが，オールメタル製品は本体価

格が高いこと，アルミニウムや銅鍋は磁性鍋に比べて消費電力が大きいことを知っておく必要があります。

　鍋の形状については，平底で鍋底に3mm以上の浮きのないものを使うように，丸底や脚がある鍋は使わないように指示されています。鍋底径は12〜26cmの鍋が使えますが，鍋底直径が15cm以上あるほうが効率よく加熱できるとされています。

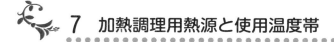

7　加熱調理用熱源と使用温度帯

　ガスと電気は，まきや草木，木炭などの固体燃料に比べて点火と火力調整が容易で，熱源を引き入れれば燃料を保管する必要がなく，「熱効率」が高いメリットがあります（p.45扉図）。

　加熱調理に使われる温度帯は，湿式調理（ゆでる，煮る，炊く，蒸す）では85〜100℃，乾式調理（焼く，炒める，揚げる）では150〜300℃付近です。水を使って100℃以下で湿式調理をすると，やわらかくしっとり仕上げることができ，高温の炎をあてたり，油を熱して150℃以上の温度で乾式調理すると，パリッとした表皮や焦げ風味を楽しむことができます。

　最近はガス，電気製品共に強火力化しており，高温調理は火災の危険があるので，ガスこんろには油が発煙・発火する手前の250℃で自動消火する「安全機能」が装備されています。

　なお，私たちが食べる時の温度は，温かいものは60〜65℃付近，冷たいものは10℃付近がおいしいとされています。

8 火力,鍋の大きさ,形状と熱効率

　ガスこんろは2,000〜2,500kcal/時の標準バーナーと,3,000〜5,000kcal/時の強火力バーナーよりなる高火力製品が広く使われており,調理家電はコンセントの使用限界である100V,15A,消費電力1.5kW付近を使った高火力製品が増えています。

　強火力を使うほうがおいしくなる料理は,炒め物くらいで多くありません。むしろ,家族人数が減り小鍋での調理が増えている昨今,火力が強いと鍋底からはみ出した炎が調理に利用されないため,ガスの利用効率（熱効率）が低下することに留意すべきでしょう。24cm以上の大鍋では55%あった熱効率が,14cmの小鍋で強火力を使うと30%以下に低下する試験結果が商品テストで報告されています（図3-8）。

　電気こんろを使う場合には,大きさより鍋の形状の影響が大きいとされており,ヒーターとの接点が多い平底鍋では80%

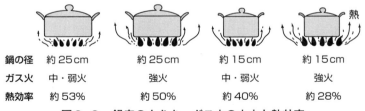

鍋の径	約25cm	約25cm	約15cm	約15cm
ガス火	中・弱火	強火	中・弱火	強火
熱効率	約53%	約50%	約40%	約28%

図3-8　鍋底の大きさ,ガス火の火力と熱効率
（商品テスト結果の平均値）

鍋の形	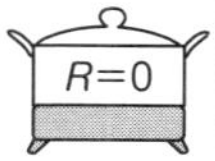 R=0	 R=20	 R=40	 R=60	 R=80
丸味の曲率半径 (mm)	R=0	R=20	R=40	R=60	R=80
熱効率 (%)	78.8	74.3	69.6	60.3	51.3

図3-9　鍋底の形と電気ヒーターの熱効率
（東京電力）

近い熱効率が出ていても，丸底鍋を使うと50%付近まで低下する結果が報告されています（図3-9）。シーズヒーターこんろ，IHこんろとも平底鍋を使うほうが熱効率は上がりますが，IHこんろの場合には鍋材質の影響も受けますので，鍋の選択にはいっそう注意が必要です。

9　加熱調理中における熱の移動と伝熱法

　熱は高温部から低温部へ移動する性質があり，伝熱法には，「伝導」，「対流」，「放射」の3種があります。金属や食品の固体内部は伝導により熱が移動し，水や油などの流体中は対流により高温部の熱が低温部に伝わります。また，電磁波（赤外線，マイクロ波）は，吸収された物質の表面または内部で熱に変わる性質があり，放射または輻射伝熱と呼ばれます（表3-4）。

表3-4　調理時の伝熱法と熱の移動

伝熱性	熱の移動特性
伝　導	金属や食品の固体内部は伝導によって熱が移動し，熱の移動速度の指標として熱伝導率（W/mK）が用いられる。空気（0.02），水（0.6）および食品（0.4〜0.7），鉄（50）およびアルミニウム（200）と熱伝導率が高くなり，食品は金属の1/100以下と移動速度が小さいため，内部まで加熱するのに時間がかかる。
対　流	ガス火やヒーターによって熱せられた水や空気などの流体は，比重が軽くなって上方に移動し，冷たい流体がその後に流れ込む。流体の動きによって熱が伝わることを対流伝熱といい，自然対流と強制対流がある。
放　射	赤外線や遠赤外線，マイクロ波は，吸収された物質の表面または内部で熱に変わる性質があり，放射または輻射伝熱と呼ばれる。ガスの炎やヒーター熱源から放射される赤外線は効率よく熱に変わるため熱線と呼ばれる。

　ゆで加熱ではゆで水が，蒸し加熱では蒸し器内の蒸気が，揚げ加熱では揚げ油が熱媒体となり，対流によって熱が食品へと伝えられます。鉄板焼きの場合には，熱した金属板からの伝導によって熱が食品に伝えられ，直火焼きとオーブン焼きの場合には，熱源からの放射熱と熱せられた空気の対流によって熱が食品に伝えられます。

　いずれも食品の内部へは伝導で熱が移動しますので，熱源→媒体→食品表面→食品内部へと熱が移動し，食品が加熱されることになります。食品は熱の伝導速度が遅いため，丸いジャガイモを中まで加熱するのに30分もかかります。唯一，

62　　第3章　主要熱源の多様化

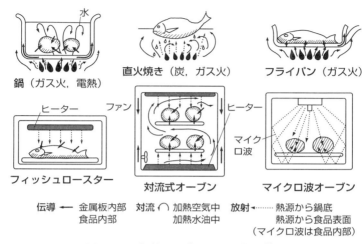

図3-10　加熱調理中における熱の移動

電子レンジに使われているマイクロ波は，食品の内部で熱が発生して伝導伝熱を待つ必要がないので，画期的なスピード加熱が可能となりました（図3-10）。

第4章
伝統調理を変えた炊飯器の登場

日本の伝統的調理法の変遷，特に調理家電が普及する先がけとなった「炊飯器」の誕生と利用に焦点をあてました。

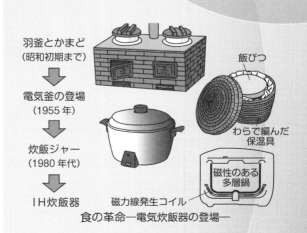

羽釜とかまど
(昭和初期まで)
⇩
電気釜の登場
(1955年)
⇩
炊飯ジャー
(1980年代)
⇩
IH炊飯器

飯びつ
わらで編んだ保温具
磁性のある多層鍋
磁力線発生コイル

食の革命—電気炊飯器の登場—

1 水を媒体とする湿式加熱調理

　日本では，水を媒体とする「ゆでる」，「炊く」，「煮る」，「蒸す」などの「湿式加熱調理」が発達しました。

　「ゆでる」操作は，温度が下がらず対流が起きやすいように，葉菜類，麺類など多くの食材はたっぷりの湯でゆで上げますが，煮えにくいいもや根菜，割れやすい卵は水から加熱し，キャベツやエビはうま味を残すため少量の湯で蒸しゆでにします。また，ゆで水に食塩を加えると野菜の緑色が鮮やかになり，重曹を加えるとかたくてアクの強いヨモギやワラビは緑色が残りやすく組織がやわらかくなります。食酢を入れるとれんこんやごぼうの褐変が防止できて色白になり，ぬかを入れるとたけのこのアクが抜けるので，食塩，重曹，食酢，ぬかなどを加えてゆでる効果を高める操作が行われてきました。

　「煮る」操作は，水，だし汁，調味液の中に食品を投入し，加熱しながら味つけをする調理法で，調味液を沸騰させてから食材を入れる場合と，食材がやわらかくなってから調味する場合があり，落としぶたをして弱火でゆっくりと煮る操作が行われてきました。煮物は煮詰め方によって，仕上げに煮汁を残さないもの（煮つけ，照り煮，佃煮など），煮汁を適量残すもの（含め煮，煮浸しなど），煮汁を利用するもの（シチュー，おでん，沢煮など），揚げたり，炒めたりした後に煮込むもの（炒め煮など）があり，種類が多い調理法といえます。

「蒸す」操作は，水蒸気のもつ潜熱（539cal/g，2.3kJ/g）を利用して加熱する調理法で，型くずれせず，食品の持ち味や栄養成分が残りやすい利点があります。茶碗蒸し，卵豆腐，カスタードプディングなどの卵料理の火加減は85〜90℃の弱火，しゅうまい，まんじゅう，蒸しパン，蒸しいも，魚肉の酒蒸しなどは90〜100℃，おこわは約100℃の強火で蒸すのがよいとされています。

表4-1　湿式調理操作と使用する鍋

操　作	内　　容	調理用具，調理機器
ゆ で る	食材の5〜10倍量の水または沸騰水を用いてゆでることが多い。	スープ鍋，煮物鍋，ゆきひら鍋，寸胴鍋
炊　く	米を加熱調理する。うるち精白米は炊き干し法を用いる。	文化鍋，土鍋，羽釜，炊飯器
煮　る	水，だし汁，調味液中に食品を投入し，加熱しながら味付けをする。	煮物鍋，ゆきひら鍋，落としぶた，スープ鍋，中華鍋，グリル鍋
蒸　す	水蒸気の潜熱（539cal/g，2.3kJ/g）を利用して加熱する。	蒸し器，せいろ，チョンロン（蒸籠），電子レンジ
加圧加熱する	高圧で水の沸点を上昇させ，120℃付近で短時間に加熱する。	圧力鍋

1　水を媒体とする湿式加熱調理　　*67*

2 湿式調理に使う鍋類

「湿式加熱法」には，耐水性，耐熱性のある鍋類が使われます。和風鍋は間口が広くやや丸底，洋風鍋は寸胴（ずんどう）で平底，中華鍋は丸底が，鍋の形状的な特徴となります。

「ゆでる」操作には，たっぷりの湯が入る和風の煮物鍋や洋風のスープ鍋を使うことが多く，「煮る」操作のうち，魚の煮

図4-1　湿式加熱用鍋の種類

つけや炒め煮のような煮物には食材が重ならず煮汁が濃縮しやすいように浅くて径の広い鍋を使い、ビーフシチューのように長時間煮込む煮物には水分蒸発量の少ない寸胴の深鍋を使うと仕上がりがよくなります。

「蒸す」操作には、蒸し器、せいろ、蒸籠（チョンロン）が使われますが、これらがない時には深鍋に中敷きを敷いて代用したり、電子レンジを使ったりすることができます（図4-1）。

3 鍋の形状と材質

鍋には、形、大きさ、材質の異なるさまざまの種類があり、英語では浅鍋をpans、深鍋はpotsと呼んで区別しています。浅鍋の代表はフライパンで、食材をひと並べにして加熱することが多く、深鍋は長時間煮込んだり、スープをとる場合に使います。鍋は耐熱性、耐衝撃性があり、食材による腐食性が少なく、熱伝導率がよいことが求められるため、鍋本体は金属製（板製、鋳物製）が多く、ほうろう、アルマイト、フッ素樹脂加工などの表面加工がほどこされることもあります。

鉄製鍋（炭素鋼）は色が黒くさびやすいため、外観をよくしたホウロウ鍋や、鉄にニッケルとクロムを加えてさびにくくしたステンレス鍋がつくられました。ステンレスは熱伝導率が小さく焦げつきやすいため、間にアルミニウムや鉄をはさんだ多層鍋が出まわっています（図4-2）。

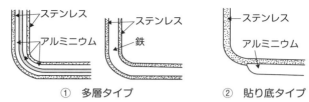

（注）加熱むらが大きく焦げ付きやすいステンレスの欠点を改良し，IH加熱に対応する

図4-2　ステンレス多層鍋の断面図

（平野美那世：調理機器総覧，p.297，食品資材研究会，1997）

　アルミニウム鍋は軽くて加工しやすく，熱伝導率が高いため広く普及しており，表面を酸化皮膜でおおって耐食性を高めたアルマイト製品や，表面をフッ素樹脂加工してこびりつきにくくしたフライパンが広く使われています。

　非金属製のセラミック鍋には土鍋，耐熱陶器鍋，耐熱ガラス鍋，石鍋があり，電波を通し，保温性があるので電子レンジ用，卓上用の鍋として普及しました。

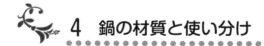

4　鍋の材質と使い分け

　ガス火上で鍋を空焼き加熱すると，鍋底を通して炎の熱が伝わるため，鍋の材質と厚みによって加熱時の昇温速度，温度分布，余熱量が違ってきます。花びら状に開いた炎の形が鍋板に

投影されるのは熱伝導率の低い鉄，ステンレス，セラミック鍋で，均一に加熱されるのは熱伝導率の高いアルミニウムと銅鍋でした（口絵参照）。

　鍋底上で小麦粉を加熱してみると，昇温が速くて焦げやすい鍋材質は比熱の小さい鉄，ステンレスであること，鍋に厚みがあるセラミック鍋（耐熱ガラス，耐熱陶器，石鍋）は昇温には時間がかかりますが，熱容量が大きく保温性があることがわかり

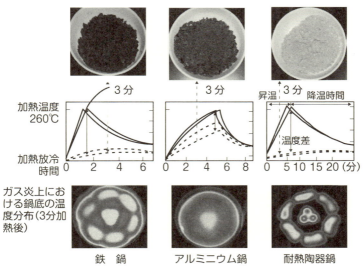

上：3分加熱した小麦粉の焦げ色
中：ヒーター上（実線）・外（破線）における空焼時の鍋底表面の温度
下：ガス火上における鍋底表面の温度分布

図4-3　鍋底表面の昇降温曲線，温度分布と小麦粉の焦げ色

ました（図4-3）。

　鉄とステンレス製鍋は高温で素早く調理したい場合に，アルミニウムと銅製鍋は均一な焦げ目をつけたい場合に使い，耐熱ガラス，耐熱陶器，石鍋は余熱を生かして熱々で食べてもらい

表4-2　鍋材質の特徴と用途

鍋の素材 / 特徴と用途	アルミ・銅系				鉄・ステンレス系				セラミック系			
	アルミニウム合金	アルマイト加工	フッ素樹脂加工	銅	鉄	ほうろう加工	ステンレス	*ステンレス合板	超耐熱ガラス	耐熱ガラス	耐熱陶器	土鍋
直火，強火で使え高温調理に向く	○	○	△	○	◎	○	○	◎	○	△	○	○
熱伝導がよく均一に加熱できる	◎	◎	◎	◎	△	△	△	○	△	△	△	△
保温性がよく余熱が利用できる	△	△	△	△	○	○	○	○	◎	◎	◎	◎
軽くて扱いやすい	◎	◎	◎	△	○	○	○	○	△	△	△	△
割れない（耐衝撃性）	◎	◎	◎	○	◎	○	◎	◎	△	△	△	△
傷つきにくい，さびにくい	○	○	△	△	△	○	◎	◎	◎	◎	◎	○
価格が安い	◎	◎	○	△	◎	○	○	○	△	△	○	◎
電子レンジで使える	△	△	△	△	△	△	△	△	◎	◎	◎	◎
電磁調理器で使える	△	△	△	△	◎	◎	◎	◎	△	△	△	△

◎最適，○適，△やや不適・不適。
＊鉄やアルミニウムとの多層合板を含む。

たい場合に使うと，鍋材質の加熱特性が生きてきます。加熱特性を生かした使い分けをした結果，素早く調理したい中華鍋はほぼすべて鉄製となり，きれいな焦げ目をつけたい卵焼き用鍋に銅製品が多くなったといえるでしょう。

5 炊飯器の誕生と普及

　1955（昭和30）年に発売された電気釜は，釜底の温度が上がるとスイッチが切れるだけの簡単なものでしたが，飯炊きの苦労から解放されるとして奪い合いになるほどの人気商品となり，7年後には約50％の普及率に達しました。ただ，電気釜には火力が弱い欠点があったため，1957（昭和32）年に火力が強いガス釜が発売されると，シェアが二分されることになります（図4-4）。

　1980年代には，センサー（感知部）とマイコン（司令部）が搭載されて，炊飯回路がきめ細かく制御できるようになり，多目的炊飯，タイマー予約，少量炊きが可能になりました。「マイコンジャー炊飯器」には水温を40～50℃に上げて15分前後で吸水させる吸水行程と，70～75℃で保温するジャー機能が導入され，炊飯メニューは炊き込み，おこわから，玄米，おかゆまで大幅に拡大しました。

　1988（昭和63）年になると，電磁誘導加熱方式で内釜自体が発熱するIH炊飯器が登場して炊飯に必要な強火加熱が実現

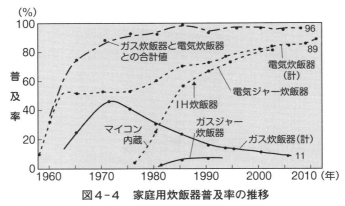

図4-4　家庭用炊飯器普及率の推移

〔東京ガス資料，B.B.R.(中央調査社)調査資料，経済企画庁調査資料〕

し，米粒はふっくら張りがある仕上がりになります。「ＩＨ炊飯器でテストした飯は，ツヤがあってひとまわり大きく，粒がしっかりして歯ごたえがあっておいしかった」と商品テストの評価も高く，ＩＨ炊飯器のシェアはゆるぎないものになっていきました。

〔炊飯器の変遷と普及〕

1955（昭和30）年　自動式電気釜発売。飯が炊き上がって水がなくなると電源が切れる。

1957（昭和32）年　ガス釜発売。火力が強くおいしく炊ける。

1972（昭和47）年　炊飯後に保温できるジャー機能つき発売。

1979（昭和54）年　マイコンジャー炊飯器発売。マイコンと温度センサーにより火力調節機能を充実。

1988（昭和63）年　ＩＨジャー炊飯器発売。

1998（平成10）年　圧力IHジャー炊飯器発売。
2003（平成15）年　スチームIHジャー炊飯器発売。
2006（平成18）年　真空圧力炊きIHジャー炊飯器発売。

〔炊飯器の改良と調理性能の向上〕
・マイコンにより吸水・炊飯・蒸らし・保温行程を自動化。
・多機能炊飯（おかゆや玄米炊飯など）の実現。
・炊飯と保温を一体化。
・炊き上げタイマーの採用。
・IH採用により強火力化と均一加熱を実現。
・圧力炊飯で，短時間にご飯の甘み，粘りを引き出す。
・真空ポンプで吸水を促す。
・スチーム保温でご飯のパサつきを抑える。

6　炊飯のコツ

「炊く」は，米の加熱調理に使われる専用の言葉です。

うるち精白米の炊飯法は「炊き干し法」と呼ばれ，ふっくらとべたつかないご飯にする作業には，水かげん，火かげんに「炊飯のコツ」が必要とされる高度な手法が使われています。

洗米後に米重量の1.5倍（米容量の1.2倍）の水を加えて30分ほど吸水した後，でんぷんを糊化するために約20分間沸騰を続け，水分がなくなって釜底の温度が上がったところで消火し，むらし・追い炊きで水分を残らず米粒の内部に吸収させ，飯粒表面を乾かして60～63％の含水率にしなければなりません。

「はじめチョロチョロ，中パッパ，赤子泣くともふた取るな」と炊飯時の火かげんのコツが数え歌のように伝承されていますが，早朝から起きて炊いたご飯が，かたかったりやわらかかったり。でき具合は一定せず苦労が多かったようです。

マイコン炊飯器には，理想的な炊飯パターンが入力され，吸水作業をしない人のために吸水回路がつけ加えられました（図4-5）。保温機能もつけ加えられましたが，炊く前に吸水したほうがおいしくなること，味，栄養価，省エネのためには長く保温し過ぎないほうがよいことは，知っておくべきでしょう。

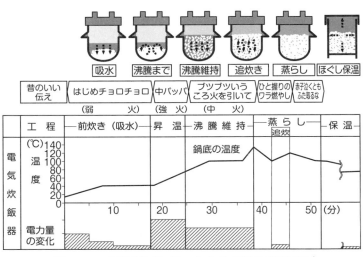

図4-5　白飯の炊飯パターンと炊飯器の自動回路

7　炊飯器の有効利用

　ササニシキやコシヒカリのような高級米（軟質米）は，炊飯器に内蔵された吸水回路で十分ですが，標準米や古米は吸水時間を設けることによって米のランクが上がるほどおいしくなるとされています。「炊く前に吸水させる」ことが，炊飯器利用のコツの一つになります。

　また，保温回路が設けられていますが，「保温は長過ぎないようにし，保温中にほぐす」のも，炊飯器利用のコツとされています。手抜きでルーズになった利用者への忠告として受け止めたいものです。

　炊飯器は，ご飯のおいしさを追究する開発競争が今も続いています。発売されると奪い合いになるほどの人気商品となった電気釜ですが，火力が弱かったために一時期ガス釜に追い越されています。電気炊飯器は，ＩＨ加熱を使って消費電力を1,400Wまで高火力化しておいしさを実現しましたが，その後も内釜の形状や厚さを工夫したり，圧力をかけて米飯の甘味や粘りを引き出したり，各社各様の製品開発が続いています。

　吸水時に水分の浸透を促進するために真空ポンプや超音波振動が使われたり，保温時にご飯のパサつきを抑えたり，酸化を防ぐための改良策も講じられてきました。

〔炊飯器の調理操作と作れるメニュー〕
- 炊く，蒸す，煮る，ゆでる，保温する。
- 白飯，炊き込み飯，五目飯，赤飯・おこわ，おはぎ，すし飯，おかゆ・中華がゆ，軟飯，ドリア，玄米飯，胚芽飯，ピラフ，蒸し物，ふかしいも，中華まん。

〔炊飯器をよりよく利用するためのコツ〕
- 吸水時間を設ける：吸水工程が組み込まれているが，吸水させるほうがおいしく炊ける。標準価格米，古米は30分〜2時間吸水させる。早炊き回路は吸水工程が省略されているので，必ず吸水させる。
- 米を正確に測り，標線どおり水を入れる。新米は標線より少なめ，古米は多めにする。
- 炊飯が終了したら，すぐほぐす。余分の水分が飛び，ふんわりする。
- 保温は長過ぎないように。保温中に時々ほぐし，内釜の側面から離して中央に盛る。

8 圧力鍋と保温鍋

「加圧加熱」は，高圧にすると水の沸点が上昇する性質を利用して短時間で調理する加熱操作法で，二重，三重の安全装置がほどこされた圧力鍋（安全マークつき）を使って調理します。密封された圧力鍋の内部では圧力が1.6〜2.3気圧，水の沸点が115〜125℃になって加熱時間が短くなり，消火後も約10分間沸騰状態が続いて余熱が利用できるので，加熱時間は約1/3，

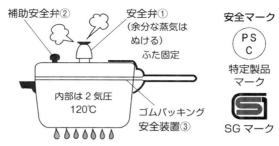

(注) 3つの安全装置を示す。安全基準に合格すると，PSC（特定製品），SG（safety goods）マークがつけられる。

図4-6　圧力鍋の仕様

　業務用に使われていた大型圧力鍋がアメリカで家庭用に改良され，全世界に普及した。圧力鍋は省エネと食材の有効活用に威力を発揮している。

燃費はさらに少なく約1/4になるとされています。
　中が見えないため，使い慣れないと煮崩れてしまうこともありますが，軟化しにくいすじ肉，豆，玄米などを短時間で食べやすく調理でき，魚は骨まで食べられるようになります。
　加熱後の余熱を利用した省エネ調理法が，「火なしこんろ」「火なしかまど」と呼ばれて利用されてきました。沸騰した鍋を，綿やかんなくず，ふとんなどを使った保温容器の中に入れると，数十分間は80℃以上を保つので，余熱で調理できるというものです。保温調理法を商品化した「はかせ鍋」，「シャトルシェフ」は，沸騰した調理鍋を保温容器（真空断熱構造あり）に入れて高い保温力で調理を進行させるもので，安全で経済

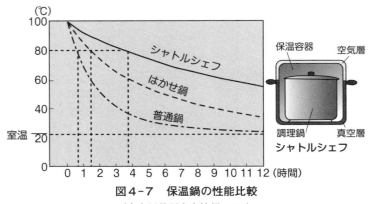

図4-7 保温鍋の性能比較
(家庭用品研究室情報, 228)

　鍋と保温具をセットして余熱を活用した保温鍋には，調理鍋に専用のカバーをはかせた「はかせ鍋」と，真空層を付加して保温性を高めた「シャトルシェフ」の２つのタイプがある。

的，煮崩れも少ないとされています。

　もう一つ，水を使わなくても湿式調理ができる「無水鍋」を紹介しておきましょう。厚手に作られた無水鍋はふたの重量だけで密閉されるので，食材の水分を利用して，ゆでる，炊く，蒸す，煮る操作ができます (p.3, 図1-1参照)。また，ふたや本体が高温になるため，オーブンや揚げ物も作ることができ，余熱も利用できるとされています。

第5章
洋風調理の導入と焼き物機器の普及

欧米で使われていたトースター，グリル，オーブンなどの焼き物機器が，日本に普及し定着する過程を解説します。

1 直火焼きと間接焼き

　空気や油を媒体として加熱する調理法を,「乾式加熱法」といい,「焼く」,「揚げる」,「炒める」操作があります。調理による食材の重量変化を調べてみると,乾式加熱法では加熱中の水分蒸発量が多いため,水中で加熱する「湿式加熱法」と比べて,食材の重量減少率が高くなりやすいことがわかりました。

　「焼く」操作には,熱源の放射熱を直に浴びる「直火焼き」と,鉄板などを介して焼く「間接焼き」があり,ヒーターやガスの熱源に食品を近づけて焼くトースターやグリル焼きも,熱源の熱を直に浴びるので「直火焼き」に分類されます。

表5-1　調理法と食材の重量変化

	食材	さといも	にんじん	いか	いわし
湿式加熱	調理法	煮物	グラッセ	煮物	煮つけ
	重量(生→調理後)	100→100g	100→100g	100→80g	90→70g
	重量変化率	100%	100%	80%	80%
	食材	さつまいも	キャベツなど	いか	かれい
乾式加熱	調理法	焼いも	炒め物	丸焼き	から揚げ
	重量(生→調理後)	200→160g	150→135g	150→110g	150→120g
	重量変化率	80%	90%	75%	80%

（注）乾式加熱の方が重量変化率（脱水率）が大きいものが多い
（女子栄養大学出版部：調理のためのベーシックデータ, p.130, p.131, 2007 より作成）

「直火焼き」は串や網などで魚や肉を支えて焼く原始的な調理法ですが，熱源（ガス火，炭火など）の熱を直に浴びて食品の表面が焦げ，魚や肉から落ちるあぶらによって適度にいぶされるので，焦げ風味としっとりした中身のコントラストが賞味され，炭火で焼く焼き魚や焼き鳥，野外で焼くバーベキューは人気があります。

　高温に熱したフライパン，鉄板，陶板などの上に食品を並べ，鍋板を通して焼く鍋板焼きや，熱くした庫内でじっくり加熱するオーブン焼きは，熱源から出る放射熱を直に浴びることが少ないので「間接焼き」と呼ばれます（p.81扉図）。食品が蒸し焼き状に加熱されるオーブンが，ヨーロッパでは「万能の焼き物ボックス」として愛用されてきました。

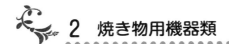

2　焼き物用機器類

　戦後，欧米の生活にあこがれていた日本人の間に，パン焼き用のトースター，魚焼き用のグリルやフィッシュロースター，ケーキやグラタン用のオーブンが普及し，フライパンやホットプレートを使う鍋板焼きも頻繁に行われるようになりました。焼き網一つで餅(もち)も魚も焼いていた日本の家庭に，toast（パンなどをあぶってきつね色に焼く），grill（焼き網で魚や鶏を直火焼きする），roast（肉などを天火で蒸し焼きする），griddle（鉄板・フライパン上で焼く）の調理操作を行うための多種類の焼き物用の機器が入り込んできたのです。

焦げ風味とパリッとした食感が支持されて，トースター，グリルつきガスこんろ，ホットプレートは1980年代に8割前後の家庭に普及し，一歩遅れてオーブンも電子レンジと複合したオーブンレンジとして普及率を伸ばしました。

　高温で加熱する焼き物を屋内で行う場合には，発煙や発火の対策が必要となります。トースターではパンの発火時間が予想外に短く，煙が上がっている時に扉を開けると火柱が上がって危険なことが商品テストで指摘されました。また，魚や肉を焼く場合にはあぶらが燃えて火災の危険性もあるので，上火をきかすなどして消煙化したグリルやロースターが開発されてきました。

〔トースター，オーブンの変遷と普及〕

1949（昭和24）年　ガスオーブン（自然対流式）の国産化。
1955（昭和30）年　ホップアップ型トースター発売。
1965（昭和40）年　オーブントースター発売。
1971（昭和46）年　コンベクションオーブン（強制対流式）発売。
1977（昭和52）年　オーブンレンジ発売。
1986（昭和61）年　トースターレンジ発売。
1997（平成9）年　遠赤外線採用トースター発売。

〔トースターの改良と調理性能の向上〕

・オートトースト機能：マイコンが火力と焼き時間をコントロール。冷凍パンの解凍と焼き上げもワンタッチでできる。
・簡易オーブン機能：メニューに合った火加減をして用途の幅を広げた。
・ワット数を上げ，加熱時間を短縮した。

3 テーブルクッキングと卓上加熱器

　食の簡便化，キッチンの空洞化が進む中で，食卓で料理する「テーブルクッキング」が家庭内食を支えるカギになるといわれることがあります。そこで，卓上加熱器として普及率の高い，ホットプレート，グリル鍋，天ぷら鍋，電磁調理器に焦点をあててみることにします。

　ヒーターを熱源とした平板状のホットプレートが1962（昭和37）年に発売されると，食卓で団らんしながら焼き肉やお好み焼きが作れる楽しさ，手軽さがうけて若年層を中心に普及率を伸ばし，1985（昭和60）年には過半数の家庭に普及しました。

　すき焼きなどの鍋物用に深型のグリル鍋が発売されたのは，

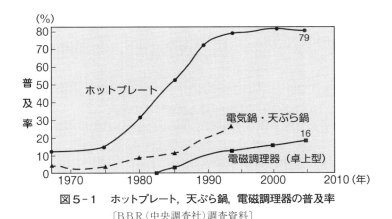

図5-1　ホットプレート，天ぷら鍋，電磁調理器の普及率
〔B.B.R.(中央調査社)調査資料〕

20年後の1982（昭和57）年、電磁調理器（ＩＨ調理器）の卓上型が発売されたのもこの頃でした。電磁調理器は値段が高いこともあって熟年層を中心に普及しました。

1991（平成3）年には，ＩＨ加熱法を導入したホットプレートが現れ，火力の立ち上がりが4割も向上しました。多目的に利用できるように，ホットプレートには平板プレート，焼き肉プレート（穴あき，波型プレート），たこ焼きプレートつきがあり，グリル鍋にはすき焼き鍋，平面プレート，ワッフルプレート，丸穴プレートつき（目玉焼き用）があります。

〔ホットプレート，グリル鍋の変遷と普及〕

1960（昭和35）年　ホットプレートつきロースター発売。

1962（昭和37）年　シーズヒーターを装着した平板状ホットプレート発売。

1982（昭和57）年　鍋料理ができるグリル鍋発売。

1987（昭和62）年　ホットプレートとグリル鍋との折衷化。

1991（平成 3）年　ＩＨ加熱式ホットプレート発売。火力の立ち上がりが40%速まる。

1992（平成 4）年　天ぷら機能つきグリル鍋発売。

1998（平成10）年　多目的に使える複数プレートつきホットプレート発売。

〔ホットプレート，グリル鍋の改良と調理性能の向上〕

・洗浄性の向上：プレート部のみはずして丸洗いできる。

・フッ素コートの改善でこびりつきが減り，金属へらが使えるようになった。

・自動調理：マイコンによる温度制御で多様な調理が可能に。

・多機能化：複数のプレートや鍋がつき，多目的に使える。

・強火力化：ＩＨタイプは火力が強く肉がおいしく焼ける。

〔ホットプレートの調理操作と作れるメニュー〕
- 焼く，炒める。
- 焼きそば，焼き肉，お好み焼き，鉄板焼き，ホットケーキ，クレープ，ハンバーグ，餃子，ステーキ，スパゲッティ，パエリア，薄焼き卵，たこ焼き。

〔グリル鍋の調理操作と作れるメニュー〕
- 焼く，煮る，炒める，揚げる，蒸す。
- すき焼き，鍋物全般，おでん，うどんすき，焼きそば，焼き肉，お好み焼き，鉄板焼き，ホットケーキ，ワッフル，ハンバーグ，餃子，目玉焼き，パエリア，茶碗蒸し，酒蒸し。

4 トースターとオーブン

2枚の食パンを並行に立てて入れ，焼き上がると自動または手動で持ち上げるホップアップ型のトースターが1955（昭和30）年に国産化され，10年後の1965（昭和40）年にはオーブントースターが発売されました。

1989（平成元）年頃，冷凍フライなどのトースター食品が相次いで販売されると，オーブントースターの普及率が急浮上し，その後はオーブントースターが主流となります。ピザや焼き餅を作るだけでなく，グラタンやケーキを作る人が増えたため，「簡易オーブン機能」を備えたトースターも登場しました。

トースターとグリルは，短時間にあぶって焦げ目をつけるために庫内が狭く，熱源が食材に近い位置にあります。オーブン

は，広い庫内を一定の温度にして四方からの熱で食材を包み込むように焼くので，加熱に時間がかかります。

トースターのほうが短時間にオーブン料理を作ることができますが，熱源からの輻射熱が強過ぎるので，火が入りやすいように食品を薄く，小さくしたり，アルミ箔で過度の熱をさえぎったり，余熱を利用して加熱するとよいでしょう。

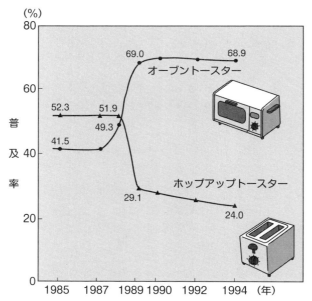

(注) 1989（平成元）年を境にホップアップ式とオーブントースターのシェアが逆転している。

図5-2　トースターのタイプ別普及率

(B.B.R.調査資料より作成)

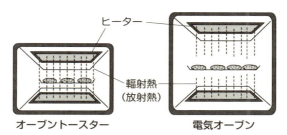

(注) トースターは上下ヒーターが食品に近い位置にあるので、輻射熱が強くオーブンより焦げやすい。

図5-3 トースターとオーブンの違い

〔トースターで作れるメニュー〕
- 高中火力：トースト，冷凍パントースト，フレンチトースト，グラタン，冷凍グラタン，焼き餅，焼きおにぎり，ホイル焼き，焼きいも，ベークドポテト，ホットドッグ。
- 中低火力：ピザ，冷凍ピザ，フライの温め直し，バターロール，クロワッサンの温め直し，ホットドッグ，クッキー，マドレーヌ，カップケーキ，スポンジケーキ。
- 温度設定できる簡易オーブン機能つきもある。

〔オーブンの調理操作と作れるメニュー〕
- 焼く，蒸し焼きする，煮る，蒸す，温める，乾燥させる。
- パン，ケーキ類，肉魚料理，グラタン，プリン，ピザ，ドリア，シチュー，焼きいも，オーブンフライ。

〔トースター利用のコツ〕
- 余熱の利用：餅は庫内に2分ぐらい置くと芯までやわらかくなる。
- 焦げ過ぎ防止：アルミ箔で表面をおおう。油の多い食品は短めにセットする。
- 焼きいもは4cmくらいの輪切りにする。

4 トースターとオーブン

5 オーブンとコンベクションオーブン

　オーブン焼きは，金属壁の放射熱と庫内空気の対流を利用して食品を加熱する加熱器で，150～300℃の温度帯の中から適温を選んで時間をかけて加熱します。1949（昭和24）年に国産のガスオーブン（自然対流式）が発売され，1971（昭和46）年にファンで熱空気を強制的に循環させる「強制対流方式のコンベクションオーブン」が発売されました。

　強制対流方式のコンベクションオーブンを使うと，自然対流式のオーブンに比べて温度上昇速度が約2倍も速くなり，上段と下段の温度差がなくなって多量の食品を均一に加熱できます。コンベクションオーブンは，昇温速度が速く，温度むらが

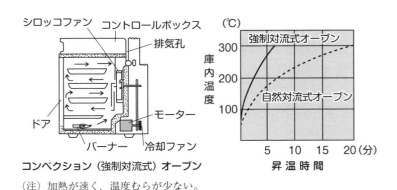

（注）加熱が速く，温度むらが少ない。

図5-4　コンベクション（強制対流式）オーブンの仕様と性能

少ないので，原則として「予熱は必要なく」，「上下段を区別する必要がない」ことになります。

　肉，菓子，パン，グラタンなどの焼き物以外に，煮物や炊飯もでき，オーブン皿に水を入れればプリンや茶碗蒸しもできます。温度設定を下げれば，パン生地やヨーグルトの発酵，温め，保温，解凍，乾燥や干物作りにも利用できます。庫内が広く，余熱もあるので，つけ合わせを作ったり，食品の温め直しや解凍に利用するとよいでしょう。

〔オーブン利用のコツ〕
- 予熱はしたほうが失敗は少ないが，コールドスタートできる機種が増えた。
- 強制対流式オーブンは，自然対流式に比べて焙焼時間を短く設定する。
- 余熱を温めや保温に活用する。煮物は味がよくしみる。
- ドアの開閉は素早くし，温度保持に気をつける。
- オーブンのクセ：天板の四隅の温度が高い傾向がある。
- オーブンのすき間を利用して，つけ合わせやおやつを作る。
- オーブンフライ：少量の油で揚げ物ができる。

6　グリルとロースター

　ガスの炎は1,500℃以上の高温になりますが，「直火焼き」は食品を炎から5cm以上遠ざけて強火の遠火で加熱するので，食品の表面付近の温度は200〜300℃程度とみられます。しか

し，狭いキッチン内での焼き物は，魚や肉から落ちるあぶらが燃えてできる油煙が嫌われ，火災の危険性もあるので，火炎にカバーをかけたり，水を入れたり，上火をきかすなどして消煙化したグリルやロースター（indoor grill, smokeless grill）が開発されてきました（図5-5）。

発売当時のグリル，フィッシュロースターは，上火のみを使う「スモークレスグリル（煙の出ない魚焼き器）」で，水を入れて使う指示もありましたが，今は両面焼きが採用され，水なし

① 下 火 式　　　　　　　　② 上 火 式
図5-5　消煙化したガスロースターの開発

図5-6　グリルとフィッシュロースター

で調理できるようになりました。ワイドグリルになり，オーブンのような多様な焼き物が作れるグリルや，燻製チップで燻製が作れるロースターもあります。

　グリルやロースターは，魚や肉の焼き物だけでなく，グラタン，焼きいも，焼き野菜，焼きおにぎり，焼き餅，焼きりんご，フライの再加熱にも利用できます。高火力を使えばオーブントースターと似た用途に使え，中火力にすればオーブンと似た用途に使える加熱器です。

〔グリル，ロースターの変遷と普及〕
　　1957（昭和32）年　グリルつきガステーブルこんろ発売。
　　1959（昭和34）年　ふた部にヒーターをつけた煙の出ない魚焼き器
　　（ロースター）発売。
　　1970（昭和45）年　両面焼きグリルつきこんろ発売。
　　1991（平成 3）年　両面同時焼きタイプのロースター発売。
　　1996（平成 8）年　煙・においを大幅に浄化したロースター発売。
〔グリル，ロースターの改良と調理性能の向上〕
　・煙・においの抑制：上火焼き，触媒フィルターの採用など。
　・両面焼き：手間いらずで調理時間が半分になった。
　・水張り不要：水なしでも安全性が確保できるようになり，焼き魚
　　がおいしくなった。
　・自動調理：マイコンによる温度制御で多様な調理が可能になった。
〔グリル，ロースターで作れるメニュー〕
　・高中火力：魚塩焼き，干物焼き，焼き鶏・鶏もも焼き，肉のつけ
　　焼き，いか焼き，焼き野菜，焼きいも。
　・中低火力：魚照焼き，魚味噌焼き，かす漬け焼き，するめ，貝類
　　焼き，ウインナソーセージ焼き，田楽，焼きりんご。
　・マルチグリル，ワイドグリルで，オーブン調理ができるタイプや，
　　燻製チップで燻製ができるタイプもある。

6　グリルとロースター　　*93*

7 揚げ調理と炒め調理

「揚げる」操作は、熱した油中に食材を入れて高温・短時間で加熱する調理法で、素揚げ、から揚げ、フライや天ぷらなどの種類があります。熱媒体となる油の比熱は水の半分しかなく（水を1とすると油の比熱は0.47）、油温が変化しやすいので、油量を揚げ種の10倍以上とし、火力をこまめに調節する必要がありますが、高温の油中で揚げ種の表面から激しく水分が蒸発し、でき上がった揚げ物はパリッとした食感に焦げ風味と油のうま味が加わって、特有のおいしさを発揮します。

「炒める」操作は、高温に熱した浅鍋か中華鍋に少量の油（油の使用量は食材の3～10%）を入れ、かき混ぜたりゆり動かしながら強火で一気に加熱するため、食品が油と空気を往復しながら加熱されるので、炒め調理法は揚げ調理と焼き調理の中間と

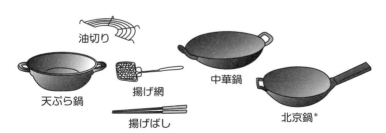

＊北京鍋：鉄製の厚手の片手鍋で、中華鍋より深みがある
図5-7　天ぷら鍋と中華鍋

いわれることがあります。食品の表面に油膜ができて味がつきにくいので，下味をつけたり，とろみづけをして味をからませるなどのおいしくするテクニックはありますが，食材を小さめに切り，火の通りにくいものから炒めれば素早く調理できるので，炒め調理は家庭での出現頻度が最も高い調理法といえます。

第6章
時短調理を可能にした電子レンジ

電子レンジが普及した裏側には，加熱むらの改良や，オーブンとの複合，自動化など，メーカーのたゆまぬ改良への取り組みの足跡が色濃く残っています。

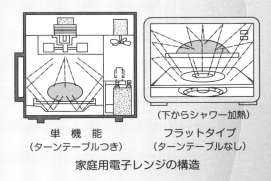

家庭用電子レンジの構造

1 電子レンジの変遷

電子レンジ (microwave oven) は，長距離通信用の「マイクロ波」を熱源とした加熱器です。スペンサー博士がレーダーの研究中に，ポケットのチョコレートが軟化していることに気づいたのを契機に研究が始まり，1953年にアメリカで一号機が商品化されました。わが国では，1961（昭和36）年に業務用電子レンジが国産化され，ドライブインや東海道新幹線のビュッフェに装備されてスピード加熱ぶりが話題になり，1965（昭和40）年には家庭用の電子レンジが商品化されました。

昭和50年代になると，オーブン機能を備えた複合タイプの

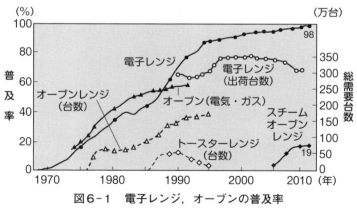

図6-1　電子レンジ，オーブンの普及率
〔経済企画庁調査資料，東京ガス資料，B.B.R.(中央調査社)調査資料〕

オーブンレンジが開発され，センサーとマイコンが整備されて温め，解凍，下ゆで，茶わん蒸し，ケーキ用などの自動回路をもつ多機能タイプの「センサーつきオーブンレンジ」へと発展します。多機能・自動化したオーブンレンジは人気商品となり，冷凍食品や市販惣菜の伸びが追い風となって，普及率は右肩上がりに向上しました。オーブン料理の愛好家向けには，ガス高速オーブンに電子レンジ機能が組み込まれた，ガスコンビネーションレンジが発売されました。

2000年代になると，過熱水蒸気機能を搭載したレンジや，ターンテーブルのないフラットタイプの電子レンジが売れ筋商品となります（p.97扉図）。

2　電子レンジの改良

　電子レンジの最大の魅力は加熱のスピードが速いこと。熱伝導加熱法では得られなかったスピード加熱特性を手に入れることができましたが，マイクロ波は波長が12cmと長いために電界の強い所と弱い所ができて加熱むらがでやすい欠点があり，また加熱時間がわからない，焦げ目がつかないなど利用者の不満の声を抱えてのスタートでした。

　自動調理機能をもつセンサーつきオーブンレンジの開発により，加熱時間の設定が不要になり，焦げ目をつけたオーブンやグリル料理作りが可能になりました。さらに，利用者のおいし

さ志向やヘルシー志向にこたえて，過熱水蒸気やスチーム機能
を搭載した電子レンジも発売されてきました。

　加熱むらを防止するため，長年にわたって電子レンジにター
ンテーブルが標準装備されてきましたが，底部の回転アンテナ
によって下から電波を拡散照射する「下部給電方式」が開発さ
れ，ターンテーブルのないフラットタイプへの移行が進んでい
ます。また，複数のセンサーで温度差をチェックし，低温部を
ねらって加熱する機能が搭載され，加熱むらがかなり解消され
てきました。

　電子レンジが普及した裏に，メーカーの涙ぐましい改良の跡
が色濃く残っているのを感じます。

〔電子レンジの変遷と普及〕
　1961（昭和36）年　業務用電子レンジを国産化。
　1965（昭和40）年　家庭用電子レンジ発売。
　1976（昭和51）年　温度センサーつき発売。
　1977（昭和52）年　オーブンレンジ発売。
　　自動調理ができるマイコン式発売。
　1978（昭和53）年　熱風循環式，スチーム発生装置つき発売。
　　多機能タイプが主流に。
　1984（昭和59）年　重量センサー搭載。解凍を自動化。
　1986（昭和61）年　トースターレンジ発売。
　1989（平成元）年　火加減を調節できるインバーター式発売。
　2004（平成16）年　過熱水蒸気で食品を焼くウォーターオーブン発
　　売。その後，スチーム機能つきが一般化。

〔電子レンジの改良と調理性能の向上〕
　・加熱むらの改良：マイクロ波給電口の改良，多方面からの照射，
　　センサーによる温度管理などで加熱むらを減らした。

100　　第6章　時短調理を可能にした電子レンジ

- オーブンとの複合化：ヒーターを利用することによって調理の幅を拡大。調理性能が向上した。
- オート調理：センサーとマイコンを駆使して温め，解凍，調理を自動化。加熱時間の設定が不要になった。
- 電力の利用効率が向上した。
- 下部給電方式を用いたフラットタイプの商品を開発した。

3 電子レンジの加熱原理

　電子レンジは2,450MHz（メガヘルツ，10^6ヘルツ）のマイクロ波を熱源とし，この電波が食品や水のような誘電体に効率よく吸収されて熱にかわる性質を利用して「誘電加熱」する加熱器

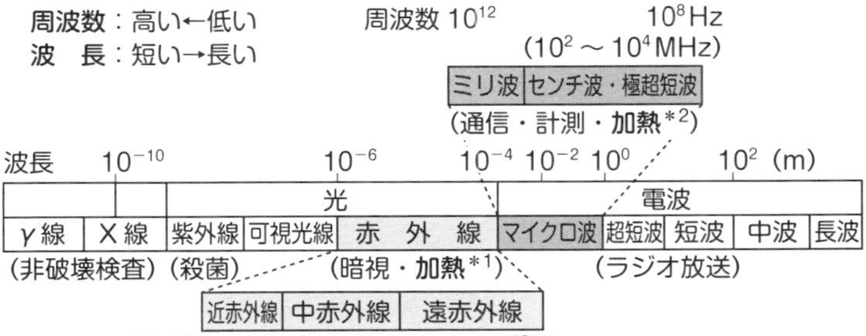

```
周波数：高い←低い          周波数 10¹²        10⁸ Hz
波 長：短い→長い                     (10² ～ 10⁴ MHz)
                                ミリ波 センチ波・極超短波
                                (通信・計測・加熱*²)
波長   10⁻¹⁰      10⁻⁶       10⁻⁴ 10⁻² 10⁰        10² (m)
              光                       電波
 γ線 X線 紫外線 可視光線 赤 外 線 マイクロ波 超短波 短波 中波 長波
(非破壊検査)(殺菌)   (暗視・加熱*¹)   (ラジオ放送)
              近赤外線 中赤外線 遠赤外線
       周波数  10¹⁴             10¹² Hz
```

*1　赤外線，遠赤外線加熱の用途：グリル・オーブン調理，暖房など。
*2　マイクロ波加熱の用途：電子レンジ調理，温熱療法（医療），乾燥・殺菌（工業など）

　　　　　図6-2　電磁波の分類と加熱方面への用途

です。1秒間に24億5千万回＋−が反転する電界の変化に追従しようとして、食品中の荷電分子は激しく振動回転し、分子間の摩擦によって、食品内部から熱が発生します。「誘電損失係数」が大きい物質ほど発熱量は多くなりますが、電波の吸収が強過ぎると減衰が速くて内部まで電波が到達しないので、表面と内部との温度差が大きくなって加熱むらが拡大します。

種々の食品を横幅12cmの容器に詰めて昇温速度を調べてみると、含水率が少ない食品は内部が加熱されやすく、水分や塩分が多い食品は端部が加熱されやすい結果となりました（図6-3）。これは、電波の浸透距離（電力半減深度）が、乾燥食品

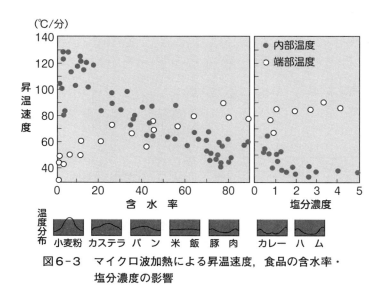

図6-3 マイクロ波加熱による昇温速度、食品の含水率・塩分濃度の影響

（肥後温子ほか：家政誌, **41**, 585, および 733, 1990）

（約20cm），パン（約7cm），米飯（約5cm），野菜・魚肉（1〜3cm），塩分を含む調味食品（1cm以下）と小さくなるためで，電波の浸透距離が大きい乾燥食品は，吸収した電波が減衰しながらも内部で重なり合うので中心部のほうが強く加熱される結果となります。一方，浸透距離が小さい水分の多い食品や塩分を含む食品は，内部にまで電波が届かず，端部や表面のみが強く加熱される結果になると考えられます。

口絵の昇温図に示したように，マイクロ波加熱では電波が入りやすい角やとがった部分がオーバーヒートすることは避けられません。しかし，低含水率で内部加熱特性やスピード加熱特性が発揮されやすいマイクロ波加熱の昇温特性（口絵参照）は食品の仕上げ乾燥や膨化加工に，葉芯部が発熱しやすい昇温特性は茶葉の乾燥に利用されて威力を発揮しています。

表6-1　主な物質の誘電損失係数と電波の浸透の深さ[*1]

物質名	誘電損失係数	電力半減深度[*2]
空気	0	∞
ポリプロピレン・磁器・紙	0.001〜0.1	1m以上
油脂類・乾燥食品	0.2〜0.5	20cm前後
パン・米飯	0.5〜5	5〜10cm
魚肉・野菜類・ジャガイモ・水	5〜20	1〜4cm
ハム・かまぼこ・食塩水	10〜40	0.5cm前後

*1　2,450MHzで測定された文献値，または文献値をもとにした計算値。
*2　入射した電波が半分に減衰する距離。
（肥後温子：New Food Industry, **31**, 11, 1, 1989）

4 マイクロ波加熱の特徴

　従来の加熱法は外部の熱を食品の内部へと移動して加熱する熱伝導加熱法なので，丸いじゃがいもを内部まで加熱するのに約30分も必要でしたが，マイクロ波加熱法では電波が食品の内部まで浸透して熱に変わるため，じゃがいも1個なら3〜4分で加熱できます（スピード加熱特性）。また，マイクロ波は庫内の空気を加熱しないため，食品表面の温度が上がりにくく（クール加熱特性），内部温度のほうが高くなる場合もあります（内部加熱特性）。

　① スピード加熱特性　昇温速度が速く，水を使わなくても加熱できるため，ビタミンの残存率が高く，再加熱，解凍，下ゆで，湯せん，日持ち延長，乾燥などに利用できますが，酵素が働きにくいため，さつまいもでは甘くなりにくく，加熱むらがでやすい欠点があります。

　② クール加熱特性　庫内が熱くならず食品の表面温度が低いので焦げ目がつきにくいのは欠点ですが，容器，包材ごと加熱できて作業を簡便化でき，狭い場所に設置できて安全に利用できる利点があります。

　③ 内部加熱特性　パンや中華まんじゅうをかたくしたり，卵やソーセージを破裂させる原因ともなりますが，膨れやすく湯せんが簡単にできる利点があります。

5 電子レンジの使用実態と安全性

　家庭にある電子レンジの7～8割にオーブン機能がついていても，用途の99％は温め，56％は解凍，42％は下ごしらえ（ゆで野菜を作るなど）とレンジ利用が多く，オーブンの利用は24％に留まったとされます（東京都生活文化局，2014年調査）。キユーピーの食生活総合調査では，「野菜料理を作る」，「下ごしらえをする」など，温め，解凍以外の「調理」にレンジを活用する頻度が増えており，「今後，調理の過程で電子レンジや圧

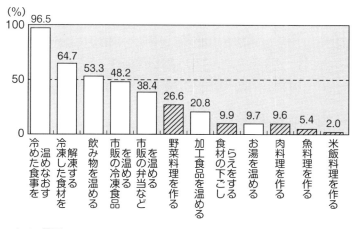

（注）▨ レンジを調理（温め・解凍以外の用途）に活用した場合
図6-4　実施している電子レンジの使用用途
（キユーピー食生活総合調査，ニュースリリース2010年，No.33より作成）

力鍋を利用したい」と回答した人が約4割を占めたといいます。今後,「レンジ調理」が広がる可能性を示す結果といえるでしょう。

　レンジの使用頻度が高くなるにつれ,発火ややけどなどの事故も増えています。東京都生活文化局の調査では,高温になりやすいもの,水分の少ないもの,少量のものなど「加熱し過ぎに注意を要するものを加熱した経験」がある人や,膜や殻つきのものを加熱するなど「危険な使用をした経験」がある人は79%にのぼったとされています。また,発煙,発火の原因になる「庫内が汚れた状態で使用した経験」がある人は63%に達したとされ,飲み物やとろみのある食品を過加熱して「突沸」を経験した人も,全回答者の1/4を超えたとされています。

6　電子レンジの有効利用

　マイクロ波加熱法には,温め,解凍,下ゆで,調理,残り物のリフォーム,湯せん(バター,チョコレートなどの溶解),軟化,殺菌(日持ち延長),乾燥(仕上げ乾燥),発酵など幅広い用途があります。「食品を手早く昇温」することは得意なので,アシスタントとして従来の熱伝導加熱法を補佐すると,速くおいしく調理することができます。

　電子レンジは蒸し料理に近い加熱法なので,かぼちゃ,じゃがいも,キャベツ,白菜,鶏肉,白身魚,もち米など電子レン

ジに向く素材を加熱してみてください。素材の持ち味と栄養成分が残り，あらゆる料理の下ごしらえに利用できます。ただし，煮物の場合には塩味がつくと電波の浸透距離が浅くなって時間の節約にならないので，調味する前の下ゆでに使ってガス火と併用すると，色・味共によい仕上がりになります。赤飯・おこわやピラフは電子レンジの得意料理の一つです。冷飯を他の調理済み食品，食材と混ぜて五目飯，丼物，おかゆ，雑炊，リゾットにリフォームするのもおすすめです。

　火の通りにくい野菜を電子レンジで下ゆでし，フライパンで焼いたり炒めたりすれば，てがるに野菜不足を補うつけ合わせができます。じゃがいもを下ゆでしてから揚げにしたり，かぼちゃやさつまいもを下ゆでして天ぷらにすると，揚げ時間が短くなって吸油率を減らすことができます。

7　電子レンジの調理上の留意点

　電子レンジは加熱のスピードが速く，マイクロ波を吸収した部分だけが昇温して加熱むらが起きやすいので，「電波をまんべんなく浴びるように」加熱する場合の並べ方・切り方に配慮することが大切です。広く浅くひろげ，また小さく切ることによって，早く均一に加熱できます（図6-5）。

　かき混ぜや裏返しを行ったり，加熱後乾いたタオルをかけて「保温」する操作も「加熱むら補正」効果があり，「蒸らす」こ

電波を均一に受けるようにターンテーブルの周囲に均等に並べる。

同じ重量なら深いより浅い方が火が通りやすい。

電子レンジの場合は小さめに切る。

周辺部に肉厚の部分を，中央部に肉薄部分を向ける。

火の通りにくいものを周囲に並べる。

図6-5　電子レンジで調理する場合の並べ方，切り方

とによって米飯やいも類はほっこりとおいしくなります。

　電子レンジは脱水・乾燥しやすいので，「保湿」，「保温」，「加熱むら補正」効果があるラップやふたをじょうずに活用すること，必要なら補水することも大切な操作になります。

〔電子レンジの加熱時間〕

　電子レンジの加熱時間は，①食品の重量，②食品の種類（含水率や塩分濃度），③食品の温度，④電子レンジの出力，⑤容器の材質や形，並べ方などによって違ってくる。

　・食品の重量：重量にほぼ比例して加熱時間は長くなり，食品量が

２倍になると約1.7倍，３倍になると約2.6倍となる。
- 食品の種類：食品100gあたりの加熱時間（出力500〜600W）は，食品の種類（含水率や塩分濃度）によって異なり，温めの場合には30秒〜約２分，生からの調理の場合には40秒〜約５分となる。
- 食品の温度：食品温度が５℃付近では20℃の約1.3倍，−18℃付近（冷凍）では20℃の約2.3倍の加熱時間となる。
- 電子レンジの出力：出力が大きくなると，加熱時間は逆比例して短くなるが，レンジに電波むらや個体差があるので計算どおりの時間で加熱されないことも多い。
- その他：容器の材質や形，並べ方，切り方，調味の有無によっても加熱時間が異なる。

〔単機能電子レンジの調理操作と作れるメニュー〕
- 高・中出力：再加熱（米飯，惣菜の温め，ホットミルク，酒のかん），蒸す（鶏酒蒸し，あさりバター蒸し），ゆでる・野菜やいもの下ごしらえ（ポテトサラダ，ホットサラダ），炊く（赤飯・おこわ，ピラフ），煮る，乾燥する。
- 中・低出力：解凍する，溶かす・湯せん，煮込む（おでん，シチュー），卵料理（茶わん蒸し，プリン），発酵させる，水切りや吸水を速める。

〔オーブンレンジの調理操作と作れるメニュー〕
　焼く，蒸し焼きする，煮る，蒸すなどのオーブン料理はもちろん，マイクロ波との連携により，ほぼすべての加熱調理に対応できる。

〔電子レンジをよりよく利用するためのコツ〕
- 適正加熱：設定時間は短めにし，不足なら追加する。
- 適量加熱：一度に大量に調理せず，小分けにする。
- 加熱むらの防止：大きさをそろえ，加熱の途中で裏返したり，かき混ぜたりする。
- ラップの保温効果，保湿効果を利用する。

7　電子レンジの調理上の留意点　　109

8 過熱水蒸気の役割

　過熱水蒸気発生機能を搭載したウォーターオーブン〔ヘルシオ（シャープ製）〕が2004（平成16）年に発売されて人気商品となり，その後多くのオーブンレンジに「過熱水蒸気」の機能がつけられました。水蒸気で焼き物ができて，減塩，減油効果があるのは，なぜでしょうか。

　ウォーターオーブンでは，まず100℃の水蒸気を発生させ，さらに加熱して300℃付近の高温の過熱水蒸気で調理します。大量の水蒸気が充満した庫内は低酸素状態となり，食材の酸化

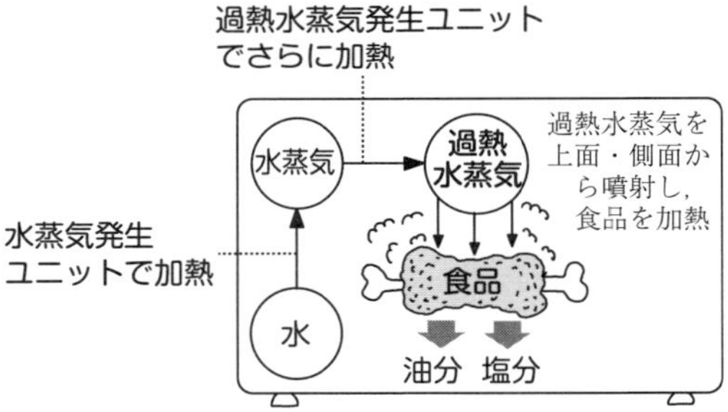

① 水を水蒸気発生ユニットで加熱し，約100℃の水蒸気にする。
② 加熱水蒸気発生ユニットでさらに加熱し，約300℃の過熱水蒸気を生成する。
③ 100～300℃の過熱水蒸気は，熱風方式の約10倍の高い熱量で食品をおおう。熱せられた食品の内部の脂まで溶かし出すので，カロリーを抑えて焼き上げることができる。

図6-6　過熱水蒸気システムの仕組み

が抑えられるので,ビタミンCやビタミンE,ポリフェノールの残存率が高くなるとされています。

　水蒸気が気体から液体になる時に発生する凝結熱によって内部まで素早く火が通り,内部に入り込んだ水蒸気によって食品内部はしっとりと仕上がります。庫内温度が高いので,食品表面の水分は蒸発してカリッとした食感と焦げ風味を呈し,「中はしっとり,外はカリカリ」した焼き物となります。また,内部温度が上がるため,食品内部の油脂が溶けて外へ流れ出し,結露した水分によって塩分も油脂と共に外へ流れ出すとされています。

9　調理用包材の種類と役割

　調理用のラップフィルム,アルミ箔,ペーパータオルが,冷蔵保存や電子レンジ加熱を支援するための必需品となりました。

　「ラップフィルム」の主な材質はポリ塩化ビニリデン(耐熱温度140℃),ポリエチレン(耐熱温度110℃),ポリ塩化ビニル(耐熱温度130℃)で,保存時のラップの主な役割は乾燥防止と風味の保持,電子レンジ加熱の場合には保湿と保温です。食品保存用には安価なラップを使い,電子レンジ用には耐熱温度が高いラップを使うとよいでしょう。

　「アルミ箔」は,アルミニウムを強力にプレスして薄い箔と

したもので600℃くらいの耐熱温度があるので，グリル，トースター，オーブン調理時に食品をおおって，焼け過ぎを防ぐことができます。

「ペーパータオル」，「キッチンタオル」，あるいは「クッキングペーパー」とさまざまな商品名で呼ばれているペーパー類は，厚手で水にぬれても破れないタイプと，価格の安いタイプがあります。厚手のものは，水切りや落としぶたに使ったり，水でぬらしたペーパーにくるんで肉まん，しゅうまいを電子レンジで温めたり，温野菜を作り，最後に汚れふき用に使うことができます。

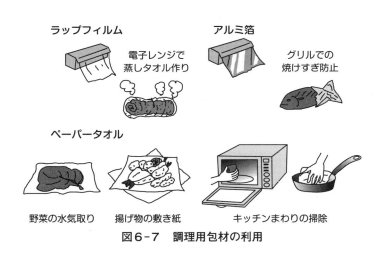

図6-7　調理用包材の利用

10 プラスチック素材の電子レンジ適性

　食品のプラスチック素材には，フィルム状のものとトレー，カップ，ボトルなどの容器状のものがあります。プラスチック

表6-2　プラスチック素材の耐熱温度と電子レンジ適性

プラスチック	耐熱温度	用途（日用・雑貨）	電子レンジ適性
ポリエチレン (PE)	70～110℃	食器，おもちゃ，水筒，容器，ざる，かご，バケツ，ポリ袋	△
ポロプロピレン (PP)	120℃	バケツ，洗面器，食器，ざる，かご，おもちゃ，容器	○ 油の多い食品は不可
ポリカーボネイト (PC)	120～130℃	哺乳瓶，食器，ライター，目薬容器	○ 油の多い食品は不可
ポリエチレンテレフタレイト（PET）	200℃	食器，炭酸飲料（ラムネ，サイダー）瓶	○
不飽和ポリエステル樹脂	150～200℃	浴槽，ボタン，食器，盆	○
フェノール樹脂	150℃	食器，鍋の取っ手・つまみ	× マイクロ波を吸収するので不可
メラミン樹脂	120℃	食器，食卓容器，盆	× 同上

容器は，軽く，密閉性が高く，割れにくく，冷凍から温めまで対応できる利点があるため，電子レンジやオーブンで加熱できる容器（エンプラ）が多数開発されてきました。

　ポリエチレンは耐熱温度が70〜110℃と低いのですが，解凍や下ごしらえには使えます。ポリプロピレンやポリカーボネートは耐熱温度が120〜130℃あるので，油の多い食品を除けば電子レンジ加熱に使えます。また，耐熱温度が200℃あるポリエチレンテレフタレイト（PET）なら，電子レンジとオーブンの両方に使えます。

　メラミンやフェノール樹脂容器は耐熱温度が120℃以上あるのですが，マイクロ波を吸収して自己発熱し，容器の成分が溶出するので，電子レンジには使用できません（表6-2）。業界では，メラミン食器には「電子レンジには使えません」とデメリット表示をして自主規制を行ってきました。

　広範囲の用途に利用されているプラスチック包材ですが，自然界で分解されないこと，有限な化石資源を原料としていることから，リサイクルを推進したり，再生可能な包材を開発する対策がとられています。

114　　第6章　時短調理を可能にした電子レンジ

第7章
複合仕様の調理機器，省エネ機器など

機械操作をモーターで，加熱操作をヒーターで行う餅つき機，パン焼き器などの複合仕様機器と，注目される省エネ機器を紹介します。

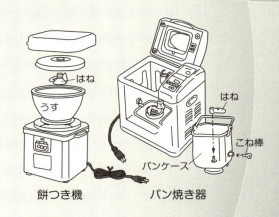

1 餅つき機

餅つき機とパン焼き器は,「つく」,「こねる」などの機械操作をモーターで,「蒸す」,「発酵させる」,「焼き上げる」加熱操作をヒーターで行う「回転加熱器」なので,餅つき機でパン生地をこねることも,パン焼き器で餅を作ることもできます。

1971（昭和46）年,「蒸す」,「つく」機能を備えた「電気餅つき機」が発売されると,つきたての餅が食べられ,赤飯やおこわもできるとして農村部を中心に普及し,5年後には全国普及率が12％に,15年後には31％に達しました。新潟の農村地区では86％の普及率に達したとされています。その後,パン,

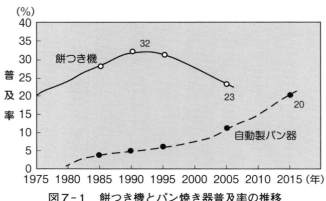

図7-1　餅つき機とパン焼き器普及率の推移
〔B.B.R.（中央調査社）調査資料〕

ピザ，うどん生地が作れ，味噌用の大豆がつぶせる製品が発売されましたが，パック餅が市販されたのに押され，32%の普及率をピークに減少しました（図7-1）。

　餅つき機の改良点には，浸し炊き回路を加えて餅米の浸し時間を12時間から1時間に短縮し，2時間あれば餅がつき上がる時間短縮機能があげられています。商品テストによると，餅つき時間は34〜50分，餅，赤飯のでき具合は良好であり，製品価格は市販の餅や赤飯の1/2であったといいます。

2　パン焼き器

　戦後のパン給食を契機に，焼きたてのパンを求める声が強まり，焼き上げ機能をもつ電気パン焼き器や，発酵と焼き上げ機能をもつ自動オーブンが発売されたことはありましたが，「生地作り」から「焼き上げ」までを行う自動パン焼き器が最初に発売されたのは，1979（昭和54）年でした。

　餅つき機が農村部を中心に好調に普及したのに対して，パン焼き器の全国普及率は7%付近で停滞し，10%を超えたのは21世紀になってからでした。しかし，餅より作る頻度が高く，餅や米粉パンも作れる多機能なパン焼き器が発売されたため，25%付近まで普及率が伸びてきました。

　ぶどうや野菜を入れたパンは「食パンコース」で作ることができ，全粒粉やライ麦入りも小麦粉の1割入れる程度なら食パ

ンコースで作れるとされます。ユーザーの多様化志向を考慮して，ヘルシーパン，フランスパン，グルメパン，ソフトパンなどと作れるメニューが拡大し，米粉100%パン，玄米パン，ご飯パン，グルテンフリーパン，アレルギー対応パンまで作れる機種も現れました。

〔餅つき機，パン焼き器の変遷と普及〕

1949（昭和24）年　箱の上下にニクロム線を配した電気パン焼き器発売。
1971（昭和46）年　蒸す，つく機能をもつ電気餅つき機発売。
1972（昭和47）年　発酵と焼き上げができる自動オーブン発売。
1979（昭和54）年　パン生地作りを内蔵した自動パン焼き器発売。
1983（昭和58）年　こしとねばりの出る餅つき機が登場。
1987（昭和62）年　食パン作りを完全自動化したパン焼き器発売。
1996（平成 8）年　パン生地ができる餅つき機発売。
1998（平成10）年　餅つきのための浸水，蒸し，つき工程つきのパン焼き器発売。
2010（平成22）年　米粒からパンができるパン焼き器発売。

〔餅つき機の改良と調理性能の向上〕

・餅米と水をセットするだけで，蒸す→つくを自動で行う。
・餅米の浸し時間を短縮した。
・羽根の形と回転数を検討し，パンやうどんの生地作りを可能にした。パン，ピザ，うどん，ゆでた大豆をつぶして味噌作りもできる。

〔パン焼き器の改良と調理性能の向上〕

・メニューの多様化：ソフト食パン，フランスパン，ぶどうパンなどのパンメニュー，餅や麺生地もできる。
・米パンメニューの追加：米粉，白米，玄米，雑穀米，冷めたご飯でパンができる。

- 生地作り，発酵時間が短縮し，でき上がりが早くなった。
- パンの焼き色が調節できる。

〔餅つき機の調理操作と作れるメニュー〕
- 蒸す，つく，練る，混ぜる，つぶす。
- 餅（丸餅，草餅，混ぜ餅，あんころ餅），赤飯・おこわ，ふかしいも，パン生地，麺生地，卵豆腐，茶碗蒸し，味噌作り。

〔パン焼き器の調理操作と作れるメニュー〕
- 練る，混ぜる（各種生地作り），焼き上げる，蒸す，つく。
- 食パン，ソフト食パン，ぶどうパン，くるみパン，野菜パン，バターロール，あんパン，ジャムパン，ピザ，クロワッサン，ピロシキ，ライ麦パン，全粒粉パン，フランスパン，サワークリームパン，機種により米パン，餅，うどん，パスタ，ケーキ。

3 電気ポット類

　湯沸かし専用に誕生した電気ポットは，多目的に使える汎用性が評価されて愛用され，生活に欠くべからざる存在になりました。松下電器産業のユーザー調査によれば，用途（頻繁に使う〜たまに使う）は，煎茶を入れる67〜96％，ほうじ茶・番茶を入れる56〜93％，インスタントコーヒーを入れる57〜91％，紅茶を入れる48〜89％，湯のみやコーヒーカップを温める31〜79％，インスタント味噌汁，スープを作る15〜70％，赤ちゃんのミルクを作る6〜42％であったといいます。

　1979（昭和54）年，"魔法びん"の機能を加えたジャー機能つきの保温ポットが発売され，水を沸かしてそのまま保温する

ポットが売れ筋商品となりました。その後も，二重層の間を真空にしたり，断熱層を強化したりするなど省エネの努力が続けられ，また水道水の残留塩素を除くためのカルキ抜き，手入れを簡単にするフッ素コーティングの採用，出湯方式の多様化，

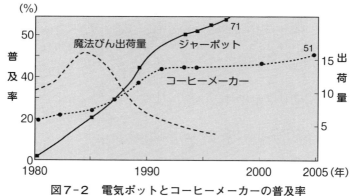

図7-2　電気ポットとコーヒーメーカーの普及率
(B.B.R.調査資料，全国魔法瓶工業会資料)

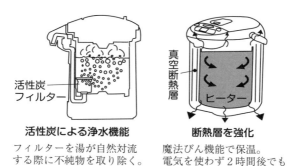

活性炭による浄水機能
フィルターを湯が自然対流する際に不純物を取り除く。

断熱層を強化
魔法びん機能で保温。電気を使わず2時間後でも約90℃をキープ。

図7-3　電気ポットの仕様

第7章　複合仕様の調理機器，省エネ機器など

やけど防止対策などによって，使い勝手・調理性能が向上しました。保温温度は，95℃以上の高温のほかに，煎茶用80℃，ミルク作り用70℃などが設定できます。

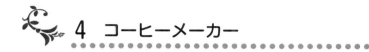
4 コーヒーメーカー

　1963（昭和38）年に耐熱ガラスの上下容器とこんろよりなるサイフォン式，1970（昭和45）年に湯をコーヒー粉末に滴下して抽出するドリップ式コーヒーメーカーが発売されました（図7-4）。細挽きコーヒーを圧出抽出するエスプレッソ式も発売されましたが，主流はドリップ式です。

　ミル，抽出，保温を行う全自動タイプを使うことも，粉砕したコーヒー豆を買ってミルなしで入れることも，コーヒーエキスの入ったカプセルを使って数十秒でコーヒーを入れることもできます。ドリップタイプの場合1杯50円程度，カプセルタイプは1杯80円程度になるそうです。

　コーヒーを入れる直前にミル機能で豆を挽くと，香り高いコーヒーを味わえます。保温時に香りや味が失われるのを防ぐ魔法びんタイプの保温機能を備えたものや，目が覚めたら入れたてのコーヒーが飲める予約タイマーつきもあります。

〔電気ポット，コーヒーメーカーの変遷と普及〕
　1957（昭和32）年　円筒容器の底にヒーターをつけた電気ポット発

売。
1959（昭和34）年　自動温度調節タイプの電気ポット発売。
1963（昭和38）年　サイフォン式コーヒー沸かし発売。
1970（昭和45）年　ドリップ式コーヒーメーカー発売。
1978（昭和53）年　ミル機能つきコーヒーメーカー発売。

(注) ドリップ式が大半を占める。

図7-4　コーヒーメーカーの構造

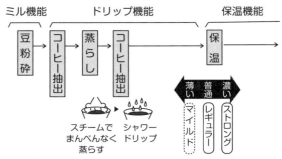

(注) 蒸らすことでコーヒーのおいしさを引き出す。
　　 好みの濃さに抽出できる。

図7-5　全自動コーヒーメーカーの自動回路

1979（昭和54）年　ジャー機能つきの保温ポット発売。

1983（昭和58）年　真空容器式ジャーポット発売。

1984（昭和59）年　朝起きて飲めるタイマーつきコーヒーメーカー発売。

1987（昭和62）年　ストロングからアメリカンまで抽出濃度が変えられるマイコン型発売。

1988（昭和63）年　カルキ抜きジャーポット発売。

1990（平成 2）年　フッ素コート容器採用の電気ポット発売。

1991（平成 3）年　活性炭フィルター採用の電気ポット発売。

1993（平成 5）年　活性炭採用の浄水式コーヒーメーカー発売。

1997（平成 9）年　省エネタイプの電気ポット発売。

〔電気ポットの改良と調理性能の向上〕

・沸騰・浄水機能：活性炭でカルキ・カビ臭，トリハロメタンを除去。水がおいしくなった。

・お茶，ミルクなど最適保温温度が選択できる。

・電動出湯：指1本で湯が出る。

・コンパクト化：注ぎ口が下がって注ぎやすくなった。

・省エネモード：消灯後にヒーターをオフ。断熱層を強化して魔法びん機能で保温する。

・コードなし保温：電源を抜いても保温や給湯ができる。

・蒸気セーブ構造：蒸気によるやけどの心配なし。

〔コーヒーメーカーの改良と調理性能の向上〕

・沸騰・浄水機能：湯が活性炭を通り，カルキ臭を除去。

・ミル，ドリップの一体化：豆の粉砕からコーヒー抽出・保温まで自動化。

・適正蒸らし：ファジー理論により，蒸らし湯量を適正化。

〔コーヒーメーカーで作れるメニュー〕

レギュラーコーヒー，アメリカンコーヒー，エスプレッソコーヒー，カフェオレ，ウインナコーヒー，カプチーノコーヒー，アイスコーヒー，水出しコーヒー，コーヒーゼリー。

4　コーヒーメーカー　　*123*

5 食器洗い乾燥機

1960（昭和35）年頃に発売された国産の食器洗い乾燥機は，日本のキッチンに置くには大き過ぎて値段も高く，欧米と違って食器の形状や材質が多様なため，洗浄性能も不十分でした。軽量で持ち運びができ低価格な温風乾燥器が1970年代に販売されると，食器乾燥器のほうが普及しました（図7-7）。

流し台に置けるコンパクトサイズの食器洗い乾燥機（食洗機）が1990（平成2）年頃より発売されると，事情は一変して食洗機は働く女性が欲しい商品のトップを占めるようになり，食洗機，ＩＨクッキングヒーター，生ごみ処理機が「平成の三種の神器」といわれることもあるとされています。

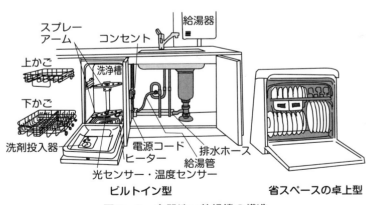

図7-6　食器洗い乾燥機の構造

ビルトイン型，卓上型の食洗機は共に，よりコンパクトにより低価格になり，また食洗機専用洗剤の開発，強力水流，高温洗浄によって洗浄性能も向上しました。嫌われる家事を代行してくれるだけでなく，手洗いと比べて水の使用量が少ないところから，食洗機の購入に補助金を出している自治体もあるといいます。

　キッチンをすっきりさせたいなら，ビルトイン型がおすすめです。また，容量が大きく価格は高いですが，海外製品を選ぶこともできます。

〔食器洗い乾燥機の変遷と普及〕
　1958（昭和33）年　食器洗い機発売。
　1968（昭和43）年　卓上式発売。床置き式の本格タイプ発売。
　　　　　　　　　　食器洗い機専用の洗剤を発売。

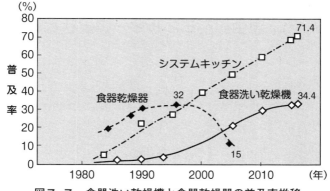

図7-7　食器洗い乾燥機と食器乾燥器の普及率推移
（消費者動向調査，B.B.R.調査資料）

1978（昭和53）年　食器乾燥器発売。
1979（昭和54）年　ビルトインタイプ発売。
1990（平成 2）年　「台所が狭く置く場所がない」の声を受け，コンパクトで低価格な卓上型を発売。ヒット商品となる。

〔食器洗い乾燥機の改良と調理性能の向上〕
・汚れセンサーを搭載し，洗浄量に応じて最適な洗浄時間，すすぎ回数を自動選択する。
・噴射水量を多くし，反転させるなどして洗浄力をアップ。
・高温による洗浄，すすぎ，乾燥。細菌除去もできる。
・専用洗剤（酵素入り）の改良。
・コンパクトな卓上型の開発。

〔食器洗い乾燥機の機能とコース〕
・本洗い，洗い・すすぎ・乾燥，乾燥のみ，すすぎのみ，すすぎ・乾燥のみ，予洗のみ。
・標準・おまかせコース，ソフト・ゆとりコース，お急ぎコース，強力・念入りコース，乾燥コース。

6　再生可能エネルギーの現状と展望

　日本の電気エネルギー源のうち，環境にやさしい再生可能エネルギー（新エネルギー）の構成比率は，2013（平成25）年度ではわずかに2.2%にすぎません。2011（平成23）年に東日本大震災が発生して原子力発電が稼働停止になる前は，日本の電源構成比の約30%を原子力発電が占めていましたが，安全性が懸念されて原子力が使えなくなったため，LNG（液化天然ガス），石炭，石油などの化石燃料を用いた発電が約1.5倍に増加しま

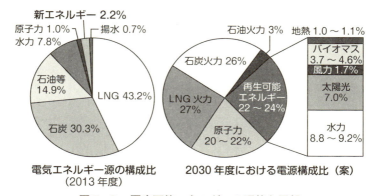

図7-8 再生可能エネルギーの現状と展望
（経済産業省資源エネルギー庁エネルギー白書2015）

した。化石燃料の増加によってCO_2排出量が増え，電力不足も懸念される状況となっています。

　地球温暖化対策のために，日本は2030年度に2013年度比26％の温室効果ガスを削減する目標案を表明し，再生可能エネルギー22〜24％（水力発電を含む），原子力20〜22％とする2030年度の電気エネルギー源の構成比案を提示しています。再生可能エネルギーの普及・拡大を図るため，電力の買い取り制度が始まり，異業種の新規参入も加速していますが，電力使用量の増加を補うためには，さらなる省エネの強化や節電対策が不可欠とされ，それらが達成されることを前提にした目標案であるとの断り書きがついています。

7 省エネ型高効率給湯器

　昭和30年代に発売された瞬間湯沸かし器は，約40年間も台所の必需品として活躍してきました。給湯は，浴槽を含めると家庭で使う消費エネルギー量の約3割にもなります。夜間電力を使って経済的メリットを打ち出した電気温水器が1990年代に発売されていましたが，2001（平成13）年に屋外の空気の熱とわずかの電気で湯を作る画期的な高効率給湯器「エコキュート」が発売されると，普及が急速に拡大しました。

　「エコキュート」は，空気の熱で湯を沸かすヒートポンプ技術を利用した電気給湯器のうち，冷媒として温暖化の影響が小

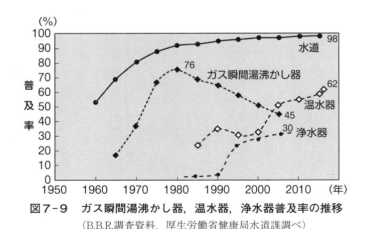

図7-9　ガス瞬間湯沸かし器，温水器，浄水器普及率の推移
（B.B.R.調査資料，厚生労働省健康局水道課調べ）

さい二酸化炭素（CO_2）を使用した機種を指します。CO_2冷媒を100気圧まで圧縮すると，冷媒温度が130℃まで上昇し，高温・高圧のCO_2冷媒が水に熱を伝えて90℃の湯を沸かします。湯沸かし・タンクへの貯湯を夜間電力で行うため，本体は高価ですが，消費電力は従来の電気温水器の3分の1に抑えられるとされています。

　一方，ガス給湯器の「エコジョーズ」は，これまでむだに捨てられていたガスの排気熱量を有効利用してガス使用量を節約する，省エネ型高効率給湯器を指します。瞬間湯沸かし式で必要な時に湯を沸かせるため，エコキュートのような大きな貯湯タンクを必要とせず，設置スペースが少なくてすむとされています。

8　省エネ型LED電球

　照明用の白色LEDは，電流を流すと光放射する発光ダイオード（light emitting diode, LED）の可視スペクトルを利用したもので，白熱電球や蛍光ランプに比べて寿命が長く，消費電力が白熱電球の1/8〜1/10と少ない優れた特徴をもっています。温かみのある電球色もあり，蛍光灯のようなチラつきが少なく，応答が速いメリットもありますが，白熱電球に比べて3〜5倍重いので，確実に取りつけることが必要です。

　地球温暖化の対策として，経済産業省は白熱電球の生産を中

表7-1　LED電球の特徴

種　類	LED電球	蛍光ランプ	白熱電球
定格寿命	約40,000時間	約6,000〜13,000時間	約1,000〜2,000時間
消費電力	8.7〜11.4W	10〜12W	54W
質　量	約90〜170g	約60〜86g	約30g

（注）定格寿命および消費電力は，JIS規格に従って測定。

止し，家庭や工場の照明をLEDに切り替えるよう協力を要請しました。LED照明が普及すれば，省エネの強化，光熱費支出の引き下げに効果があると期待されています。

参 考 文 献

1．肥後温子，平野美那世編著：調理機器総覧，食品資材研究会，1997
2．家庭電気機器変遷史編集委員会：家庭電気機器変遷史，家庭電気文化会，1999
3．大西正幸：生活家電入門 発展の歴史としくみ，技報堂出版，2010
4．家電製品協会編：生活家電の基礎と製品技術 2017年版，NHK出版，2016

第1章
1．山口昌伴：台所の一万年，農山漁村文化協会，2006
2．宮崎玲子：世界の台所博物館，柏書房，1988
3．沼畑金四郎：燃料の科学，光生館，1966
4．小菅桂子：にっぽん台所文化史，雄山閣，1992
5．江戸の食大図鑑，洋泉社，2015
6．日本住宅設備システム協会：キッチンスペシャリストハンドブック，1991
7．日本スポーツ振興センター：平成22年度児童生徒の食事状況報告書

第2章
1．小塚彦明：冷凍食品の成分変動と食味，香料，No.221，2004
2．日本冷凍食品協会：冷凍食品取扱マニュアル，2017（平成29）年度
3．料理道具100％活用百科，アーバン・コミュニケーションズ，1994

第3章
1．あんしん高度化ガス機器普及開発研究会：Siセンサーコンロ
　が装備する安全機能
2．肥後温子，阿部廣子，和田淑子：湯沸しテストによる各種加
　熱調理機器の熱効率，平成14・15年度調理科学会特別研究報
　告集，43

第4章
1．平野美那世：ステンレス多層鍋の断面図，調理機器総覧，
　297，食品資材研究会，1997
2．肥後温子，平野美那世：材質の異なる鍋底の昇降温特性，調
　理科学会誌，**33**，426，1999，同**34**，276，2001

第5章
1．女子栄養大学出版部：調理のためのベーシックデータ（五
　訂），2007
2．飯野　香，武　保：調理機器—その選び方・使い方—，医歯
　薬出版，1968

第6章
1．肥後温子，島崎通夫：マイクロ波加熱による昇温特性の分
　類，家政学会誌，**41**，585，同，733，1990
2．肥後温子編著：電子レンジ・マイクロ波食品利用ハンドブッ
　ク，日本工業新聞社，1987
3．肥後温子：電子レンジこつの科学（新版），柴日書店，2005

第7章
1．経済産業省資源エネルギー庁：エネルギー白書2015
2．東京電力：電気高効率給湯器エコキュートの動作原理
3．リンナイ：ガス高効率給湯器エコジョーズの動作原理

さくいん

欧文

DK（ダイニングキッチン）	10, 11
IH加熱	50, 56, 57, 58, 77
IH炊飯	65, 73, 74
LED	129, 130
LPガス（プロパンガス）	48, 50, 54
Siセンサー	51, 52, 53, 54

あ行

圧力鍋	3, 16, 67, 78, 79
アルミ箔	111, 112
石包丁	4, 5
エコキュート	128
エコジョーズ	129
オーブン	19, 81, 83, 84, 89, 90, 91
落としぶた	66, 67
おもちゃ絵本	口絵, 8

か行

回転調理機器	15, 39, 40
改良かまど	9
加工・調理済食品	20, 21
ガスこんろ	9, 49, 51, 52, 53, 60
かまど	4, 5, 65
過熱水蒸気	110
加熱むら	99, 107, 108
下部給電方式	100
乾式加熱	18, 19, 46, 59, 82
間接焼き	82, 83
緩慢解凍	32, 33
緩慢凍結	26
気化熱	28
キッチン	10
キッチンスペシャリスト	13
キッチン（料理）ばさみ	16, 18, 38
急速解凍	32, 33
急速凍結	26
牛刀	37, 38
クール加熱特性	104
クッキングヒーター	55, 56
グリル	19, 92, 93
グリル鍋	19, 67, 85, 86, 87
計量	35, 36
コーヒーメーカー	121, 122, 123
こしき（甑）	3, 4, 5
コンベクションオーブン	90
こんろ	9, 49, 51, 52, 53, 60, 61, 79

さ行

座位式台所	6, 7
再生可能エネルギー	126, 127
シーズヒーター	45, 49, 50
直火焼き	82, 83
システムキッチン	12, 13
湿式加熱	18, 19, 46, 59, 67, 68, 82
シャトルシェフ	79, 80
ジューサー	39, 40, 43
収納	14
瞬間湯沸かし器	128
省エネ	29
縄文式土器	2, 3
食器洗い乾燥機	124, 125, 126
食器乾燥器	124, 125
新温度帯	25, 26, 27, 31, 34
浸漬	35
炊飯器	3, 16, 19, 65, 73, 74, 75, 77
炊飯パターン	76
ステンレス	57, 58, 69, 70, 72
スピード加熱特性	104
すり鉢	8, 16, 18, 38
成形	35, 37
せいろ	3, 67, 68, 69
切砕	18, 35
セラミック	58, 70, 71, 72
センサー	73, 99

た行

ターンテーブル	97,100
ダイニングキッチン(DK)	10,11
対　流	61,62,63
炊き干し法	75
多層鍋	69,70
チタンカッター	39,43
チャブ台	11
中華鍋	18,94
調理機器	12,13,15,17,18,19,21
チョンロン	68,69
チルド	24,25
低温障害	30
電気ポット	119,120,121,123
電磁調理器	54,55,56,85
電磁波	101
電子レンジ	19,62,98,99,100,101,
	105,106,107,108,109
伝　導	61,62,63
電力半減深度	102,103
トースター	19,81,83,84,87,88,89
突　沸	106

な行

内部加熱特性	104
鍋	16,67,68,69
日本型食生活	22
熱効率	45,50,55,60,61

は行

パーシャル	25,26
はかせ鍋	79,80
箱　膳	11
ハンドブレンダー	43,44
ハンドミキサー	41,42,43
パン焼き器	19,115,116,117,118
火なしこんろ	79

氷　温	25,26
表皮抵抗	57
フードプロセッサー	16,39,40,42,43,44
複合仕様	17,19,115
フッ素樹脂加工	69,70,72
プラスチック素材（包材）	113,114
プロパンガス（LPガス）	48,50,54
フロン	27,29
文化鍋	3,67
ペーパータオル	111,112
放　射	61,62,63
包　丁	16,18,37
ホームフリージング	32,33,34
保温調理	79
ホットプレート	19,85,86,87

ま行

マイクロ波	62,98,99,101,104
マイコン	73,99
ミキサー	18,39,40
無水鍋	3,80
餅つき機	19,115,116,117,118

や行

誘電加熱	101
誘電損失係数	102,103
誘導加熱	54
ゆきひら鍋	3,67,68

ら行

ラップフィルム	111,112
料理（キッチン）ばさみ	16,18,38
冷　凍	24,25
冷凍冷蔵庫	25,26,27,28,29,30,31,34
ロースター	16,83,92,93

わ行

和　食	22

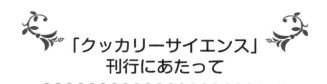

「クッカリーサイエンス」刊行にあたって

　人が健康を保ち快適に生きていくためには，安全で，栄養のバランスのとれた，美味しい食べ物が必要で，その決め手となるのが調理です。食べることで，会話がはずみ一緒に食べる人との連帯感が強まり，食事マナーを介して社会性も身につき，食にまつわる文化を継承させるなど，さまざまな役割を果たしています。その最終価値を決める調理の仕事は，人間生活のあり方に直結し食生活の未来にも大きくかかわっています。

　日本調理科学会は，このように人間生活に深くかかわる調理を対象として，自然科学のほか，人文・社会科学的な視点から，研究・啓発活動を続けています。

　1968（昭和42）年に，本学会の母体「調理科学研究会」が発足し，さらに1984（昭和59）年に「日本調理科学会」と名称を改め，2008（平成20）年に創立40年を迎えました。

　創立40周年を契機として，日本調理科学会員が各々の研究成果を1冊ずつにまとめ，高校生，大学生，一般の方々に，わかりやすく情報提供することを目的として，このシリーズを企画し，現在第8号まで出版されました。身近で、知って得する内容満載です。生活と密接に関連のある調理科学がこんなにお

もしろいものであることを知っていただき，この分野の研究が
いっそう盛んになり，発展につながることを願っています。
　2018（平成30）年

日本調理科学会刊行委員会

・2009（平成21）年から2011（平成23）年担当
　畑江敬子（委員長），江原絢子，大越ひろ，
　下村道子，高橋節子，的場輝佳
・2012（平成24）年から担当
　大越ひろ（委員長），市川朝子，香西みどり，
　河野一世，的場輝佳，森高初惠

著 者
肥 後 温 子（ひご・あつこ）

- 1944年生まれ，岐阜県出身
- 奈良女子大学卒業，同大学院修士課程修了
  学術博士（奈良女子大学），管理栄養士
- 共同研究のかたちで加熱調理機器の研究に従事，
  1999年より戸板女子短期大学助教授，教授
- 2005年より2015年まで文教大学女子短期大学部
  教授，文教大学健康栄養学部教授
- 主な著書，編著書：「電子レンジ・マイクロ波食
  品利用ハンドブック」，「電子レンジこつの科学」，
  「調理機器総覧」

クッカリーサイエンス009
食を支えるキッチングッズ
―調理用具，電気・ガス機器とつき合う―

2018年（平成30年）8月1日　初 版 発 行

監 修	日本調理科学会	
著 者	肥 後 温 子	
発行者	筑 紫 和 男	
発行所	株式会社 建 帛 社 KENPAKUSHA	

112-0011　東京都文京区千石4丁目2番15号
TEL（03）3944-2611
FAX（03）3946-4377
http://www.kenpakusha.co.jp/

ISBN 978-4-7679-6200-9　C3077　　　　　新協／愛千製本所
© 肥後温子，2018.　　　　　　　　　　Printed in Japan.
（定価はカバーに表示してあります）

本書の複製権・翻訳権・上映権・公衆送信権等は株式会社建帛社が保有します。
JCOPY〈出版者著作権管理機構　委託出版物〉
本書の無断複製は著作権法上での例外を除き禁じられています。複製される
場合は，そのつど事前に，出版者著作権管理機構（TEL03-3513-6969，
FAX03-3513-6979，e-mail：info@jcopy.or.jp）の許諾を得て下さい。

日本調理科学会 監修
クッカリーサイエンスシリーズ 既刊

001 加熱上手はお料理上手
―なぜ? に答える科学の目―

横浜国立大学名誉教授　渋川祥子 著

168頁・口絵カラー2頁
定価（本体1,800円+税）

002 だしの秘密
―みえてきた日本人の嗜好の原点―

元お茶の水女子大学教授　河野一世 著

184頁・口絵カラー2頁
定価（本体1,800円+税）

003 野菜をミクロの眼で見る

広島大学名誉教授　田村咲江 著

160頁・口絵カラー2頁
定価（本体1,600円+税）

004 お米とごはんの科学

静岡県立大学名誉教授　貝沼やす子 著

160頁・口絵カラー2頁
定価（本体1,600円+税）

005 和菓子の魅力
―素材特性とおいしさ―

共立女子大学名誉教授　高橋節子 著

160頁・口絵カラー6頁
定価（本体1,800円+税）

006 科学でひらく ゴマの世界

元静岡大学教授
日本ゴマ科学会会長　福田靖子 著

144頁・口絵カラー2頁
定価（本体1,600円+税）

007 油のマジック
―おいしさを引き出す油の力―

お茶の水女子大学名誉教授
昭和女子大学名誉教授　島田淳子 著

160頁・口絵カラー2頁
定価（本体1,600円+税）

008 泡をくうお話
―ふわふわ，サクサク，もちもちの食べ物―

お茶の水女子大学名誉教授　畑江敬子 著

144頁・口絵カラー2頁
定価（本体1,600円+税）